数字市民+

主　编／杭州市民卡管理有限公司

副主编／杨武剑　浙大城市学院
　　　　唐培培　浙大城市学院

杭州·市民卡的
实践之路

ZHEJIANG UNIVERSITY PRESS

浙江大学出版社

·杭州·

图书在版编目（CIP）数据

数字市民：杭州·市民卡的实践之路 / 杭州市民卡管理有限公司主编. — 杭州：浙江大学出版社，2022.11（2023.9重印）

ISBN 978-7-308-23173-2

Ⅰ．①数… Ⅱ．①杭… Ⅲ．①数字技术－应用－社会服务－研究－杭州 Ⅳ．①D669.3-39

中国版本图书馆CIP数据核字(2022)第194021号

数字市民：杭州·市民卡的实践之路

杭州市民卡管理有限公司　主编

策划编辑	金　蕾（jinlei1215@zju.edu.cn）
责任编辑	金　蕾
责任校对	秦　瑕
封面设计	闰江文化
出版发行	浙江大学出版社
	（杭州市天目山路148号　邮政编码　310007）
	（网址：http://www.zjupress.com）
排　版	杭州林智广告有限公司
印　刷	杭州宏雅印刷有限公司
开　本	880mm×1230mm　1/32
印　张	6.375
字　数	150千
版 印 次	2022年11月第1版　2023年9月第2次印刷
书　号	ISBN 978-7-308-23173-2
定　价	58.00元

　　城市是人类重要的集聚生活区，其发展程度是衡量一个国家或地区社会服务和现代化治理水平的重要标志。杭州是华夏文明的发祥地之一，以"东南名郡"著称于世，同时也是一座具有深厚历史文化底蕴的现代化城市。现代化城市的一个重要发展特征便是数字化、智慧化，这是解决城市规模扩大、人口剧增、交通拥堵、就业困难等难题的必要选择，也是建设服务型政府和服务型社会的最快捷、最有效的途径。无论是建设服务型政府还是建设服务型社会，其内在要求都是将有限的资源有序、精准供给到"无限"的社会物质需求和精神需求中，但这前提是要探索和实践新理念、新模式、新技术，使社会现实信息数据为城市治理提供数据支撑和智力支撑，有效解决普遍存在的"城市病"问题。

　　自 1995 年"信息化"建设被提升到国家战略层面，到 2017 年"数字中国"建设进入全面发展期，再到 2020 年"数字中国"建设进入全面加速期，信息化、数字化、智慧化等成为驱动引领我国社会经济高质量发展的新动力。从内在逻辑上看，城市化带来信息化，信息化带来数字化，数字化带来智慧化，智慧化是数字化发展到一定程度后的深度应用；智慧化又要求全面透彻的感知、宽带泛在的互联、智能融合的应用以及以人为本的可持续创新，强调以人为本、市民参与、社会协同的开放创新空间的塑造以及公共价值与独特价值的创造，从而进一步全面提高城市化水平。因此，浙江省部署"数字浙江"，杭州市打造"数智杭州"，都更加注重以人为本、"三化融合"，从而协同推进数字化改革的全面布局与落实。

伴随着数字时代的到来，浙江于 2021 年率先全面吹响数字化改革号角，各行各业纷纷开始数字化转型。杭州市民卡管理有限公司紧跟改革发展大趋势，以卡、码串联起杭州市民各领域生活服务，在杭州市的数字化改革大潮中发挥着重要作用。杭州市民卡管理有限公司从 2004 年发展至今已有 17 年，负责杭州·市民卡的发放和运营，而杭州·市民卡也经历了信息化、"互联网+"、数字化三个发展阶段，在社会保障、医疗服务、城市信用、生活服务、金融服务等领域做出了重要贡献。在数字化阶段，杭州·市民卡积极融入数字政府、数字社会和数字经济建设，利用网络数字技术和独特运营维护优势，通过社会公共服务数字化服务社会、服务群众，依托便捷高效的服务提供能力从而助力于提高政民互动性和政府对群众的黏度。如今，面对新发展形势，杭州·市民卡以服务群众为出发点，基于"五统一"平台能力，立足杭州全人群全覆盖、线上线下应用全覆盖、大杭州区域服务全覆盖三大优势，将积极深入探索以市民群众为核心的"数字市民"建设，并在智慧城市、共同富裕、数字人民币等领域创新应用场景，提升杭州的数字治理水平和公共服务质量，助力杭州进一步打造"全国数字经济第一城"和"全国数字治理第一城"。

"数字市民"是数字治理重心从上层宏观的城市治理、社会治理、经济服务等转向基层微观的对应市民个人身份的数字场景应用，是自下而上打通智慧城市建设末端"神经元"的必然趋势。"数字市民"建设要求通过各类数字介质形态，打造由政府主导的融合政府公共服务（社会保障、健康医疗等），公用事业服务（生活缴费、公交出行等），金融支付等各类政府惠民服务、便民服务、金融服务为一体的数据协同和便民协同服务体系。自 2004 年在国内首创"市民卡工程"，到如今全方位布局落实智慧城市应用，杭州已快速迭代传统的市民卡形态以及城市惠民服务的各行业应用，使得"数字市民"应用通过卡、码、脸、端的数字化，深入城市社会服务的各方面，进而助推杭州城市治理以及民生惠民服务水平的高效提升。2021 年，《深圳市人民政府关于加快智慧城市和数字政府建设的若干意见》中正式提出实施"数字市民"计划，要求构建"数字市民"认证、管理和应用体系，建立数据账户和用户信息授权机制，建立健全市民办事数据共享比对机制，减少证明材料重复性提交次数，推动"数字市民"可跨城办理业务、跨域使用数据；探索建立全市统一"市民码"服务体系，推动全市统一身份认证和多码融合、一码通用。由此可见，当下的数字化改革在聚焦于智慧化、便捷化的同时，愈加重视人性化服务。而打造一个以人和城市为主体、由数据网络空间与实体物理空间相互融合的综合性有机体，则是保证"数字市民"高质量建设以及数字化改革全方位有序推进的必要条件。

在不同的层面，数字化改革有不同的侧重点。在技术应用层面，数字化改革要求通过物联网、云计算等新一代信息技术应用实现全面感知、泛在互联与融合。在社会治理层面，数字化改革则强调以社会发展为最基本的需求，产生价值创新，以人为本实现经济、社会、环境的全面发展。在以人为本的核心理念的指导下，数字化改革中全面感知的目标是人，深化服务的对象是人，人既是物理世界中的实体，也是数字世界中的"映射体"或"孪生体"。围绕人，构建一个数字生活空间，打造智能化、全方位、全周期的城市社会公共服务应用场景，才能深入有效地实现公共服务创新以及社会治理方式的现代化。数字生活空间和数字化公共服务应用场景的建设，在很大程度上有赖于产业数字化和数字产业化。通过打造一个完整的数字化产业链和产业集群，充分发挥资源优势和科技优势，由点到面、由量到质，实现产业耦合共振、互荣共促，进一步以人为核心健全数字化产业体系，才是数字化发展的时代大势。

　　本书简单地梳理总结了杭州·市民卡 17 年的发展历程，对其服务领域和服务内容进行了简单的阐述分析，并对其未来发展方向展开初步构想。全书共分为发展篇、成果篇和未来篇三大部分，发展篇和成果篇主要讲述杭州·市民卡的发展历程以及多年以来形成的数字化能力和建设成就；未来篇就推进"数字市民"建设展开分析论述，阐明其先进性、必要性和可行性，同时也对打造相关数字产业创新基地提出初步构想。其中表述，或不完整，或不成熟，或有谬误，但编者希望在通过此书表达相关见解的同时，能有更多的行业专家来交流探讨，提出宝贵的意见和建议，以期共同推动杭州社会公共服务水平的提高和相关产业经济的有序发展。

编　者

2021 年 12 月

第 1 部分　发展篇

第 2 部分　　成果篇

第 3 部分　未来篇

第 1 部分

发 展 篇

Development

第1章 杭州·市民卡建设背景

随着信息化、数字化浪潮的推进，数字开始与经济、社会、治理、行业等方方面面深度融合，推动着各行各业的变革升级。在"数字中国""数字浙江"和"数智杭州"建设的大背景下，杭州·市民卡的发展战略和发展路径逐渐清晰明朗。

1.1 数字中国

自 1995 年以来，信息化建设被提升到国家战略层面，要求在国民经济和社会发展中大力推进信息化。历经"九五""十五""十一五""十二五"的发展，信息化进一步成为社会发展的先导力量，成为构筑国际竞争新优势的战略抉择，推进我国从网络大国向网络强国转变。

数字中国是新时代国家信息化发展的新战略，是满足人民日益增长的美好生活需要的新举措，是驱动引领经济高质量发展的新动力。伴随着数字技术与政府改革、经济发展、社会民生、基层治理的深度融合，我国正加速迈进数字化发展的新阶段。21 世纪初，习近平在中国福建省工作期间率先提出"数字福建"，为数字化和"数字中国"建设做了早期的探索。2015 年 12 月，习近平在第二届世界互联网大会上强调"中国正在实施'互联网＋'行动计划，推进'数字中国'建设"[1]，首次正式提出推进"数字中国"建设的倡议。2016年10月9日，在十八届中共中央政治局第三十六次集体学习时习近平强调"做大做强数字经济，拓展经济发展新空间"[2]。2017年10月18日，党的十九大报告正式提出建设"数字中国"的战略构想。同年12月8日，习近平在主持中共中央政治局第二次集体学习时再次强调，要"加快建设数字中国，更好服务我国经济社会发展和人民生活改善"[3]，标志着"数字中国"建设进入全面发展期。2020年10月，党的十九届五中全会将加快"数字中国"建设列入《中共中央关于制定国民经济和社会发展第十四个五年规划和二〇三五年远景目标的建议》中。2021年3月11日的《政府工作报告》进一步提出了"加快数字化发展，打造数字化经济新优势，协同推进数字产业化和产业数字化转型，加快数字社会建设步伐，提高数字政府建设水平，营造良好数字生态，建设数字中国。"同年10月18日，在十九届中共中央政治局第三十四次集体学习时习近平强调"把握数字经济发展趋势和规律，推动我国数字经济健康发展"[4]。

1.2 数字浙江

浙江推进数字化改革是数字中国建设的重要组成部分。从2003年的"数字浙江"、2014年的"四张清单一张网"、2017年的

1 引自新华社，瞭望·治国理政纪事 | 数字中国赢在未来，2022-02-21。
2 引自《求是》杂志，习近平：不断做强做优做大我国数字经济。
3 引自新华社，习近平：实施国家大数据战略加快建设数字中国，2017-12-09。
4 引自新华社，习近平在中共中央政治局第三十四次集体学习时强调把握数字经济发展趋势和规律　推动我国数字经济健康发展，2021-10-20。

"最多跑一次"到 2018 年的"政府数字化转型",再到 2021 年启动的"数字化改革",数字浙江在十几年的发展过程中已成为浙江发展蜕变的重要引领。

积淀蓄力,做出创新决策部署。2002 年 1 月,浙江省九届人大五次会议正式提出建设"数字浙江",全面推进国民经济和社会信息化。同年 6 月,在党的十六大提出的"以信息化带动工业化"的方针指导下,浙江省第十一次党代会提出了建设"数字浙江"的战略任务。2003 年 1 月,时任省委书记的习近平在浙江省十届人大一次会议上指出,"数字浙江"是全面推进浙江国民经济和社会信息化、以信息化带动工业化的基础性工程[1],借此浙江把握机遇,成为全国首个信息经济示范区,同时也是国内唯一承担数字领域国家电子政务综合试点、公共信息资源开放试点、政务信息系统整合共享试点等 3 个国家级试点任务的省份,"数字浙江"建设走在全国前列。同年 9 月,浙江省人民政府印发《数字浙江建设规划纲要(2003—2007 年)》,要求在未来的五年里,要加快建设"数字浙江"支撑体系,积极发展和加快应用数字化、网络化、智能化等信息技术,同时该纲要明确提出要以信息化带动工业化,以工业化促进信息化,实施走新型工业化道路的发展战略,使信息化、工业化、城市化、市场化和国际化的进程有机结合,这为浙江数字经济发展提供了系统性指导。

深化改革,聚力发展数字经济。信息技术的显著发展为浙江深化改革提供了强有力的支撑。2014 年 6 月,全国首个省、市、县一体化的网上政务服务平台——浙江政务服务网开通运行。随后浙

---

1 引自浙江党史和文献网,余昕:"数字浙江"建设的历史回顾,2021-07-02。

江在全国率先部署"责任清单"工作,逐步形成了"四张清单一张网"的政府改革总抓手。2016年,浙江首次提出"最多跑一次"改革的任务和目标。2017年2月,下发《浙江省人民政府关于印发加快推进"最多跑一次"改革实施方案的通知》,全面启动"最多跑一次"改革,以"最多跑一次"改革倒逼"放管服"改革,不断激发市场活力。

数字浙江的建设,推动了浙江信息产业的大发展。2014年1月,浙江率先提出大力发展以互联网为核心的信息经济,并将其列为大力发展的七大万亿产业之首。2015年,浙江省人民政府发布了全国第一个信息经济发展规划《浙江省信息经济发展规划(2014—2020年)》,进一步明确了全省发展信息经济的指导思想、发展目标与重点、主要任务和保障措施。在G20杭州峰会发布"数字经济发展与合作倡议"后,浙江把信息经济升级为数字经济。基于良好的数字经济发展基础,2017年12月,浙江省委提出实施数字经济"一号工程",围绕"三区三中心"建设目标,提出要大力发展互联网、物联网、大数据、人工智能等产业,打造"云上浙江"、数据强省,努力构建以数字经济为核心、以新经济为引领的现代化经济体系。

加速发展,深入推进政府数字化转型。2018年1月,浙江省第十三届人大一次会议正式提出"推进政府数字化转型",加快建设人民满意的服务型政府。以"政府理念创新+政务流程创新+治理方式创新+信息技术应用创新"四位一体架构为主要内容的政府全方位、系统性、协同式变革正式启动,浙江"数字政府"建设进入加速发展期,"数字浙江"建设进入政府数字化转型阶段。同年7月，浙江召开全省数字经济发展大会，会议提出要以"数字产业化、产业数字化"为主线，全面实施数字经济"一号工程"，从而推动浙江经济高质量发展。另外，浙江印发《浙江省数字化转型标准化建设方案（2018—2020年）》，创新政策工具，明确提出要"全面实施标准化战略，深化国家标准化综合改革试点，以标准化支撑数字化转型"。随后，浙江先后出台《浙江省数字经济五年倍增计划》《浙江省信息化发展"十三五"规划（"数字浙江2.0"发展规划）》等，谋划了"一大关键动力、两大基础支撑、三大重点领域"构成的六大数字化转型重点任务。

2020年9月，浙江提出深入实施数字经济"一号工程"2.0版，抢抓全球治理体系变革和产业链重构下数字经济创新发展的战略机遇。随后召开的浙江省委十四届八次全会，审议通过了《中共浙江省委关于制定浙江省国民经济和社会发展第十四个五年规划和二〇三五年远景目标的建议》，"数字化改革"成为全会高频词，这场会议将数字化改革摆到了全面深化改革的首要战略位置。

蝶变领跑，全面推进数字化改革。2021年是浙江省数字化改革元年。数字化改革是"最多跑一次"改革和政府数字化转型基础上的迭代深化，是新发展阶段浙江全面深化改革的总抓手。2021年2月18日，浙江省委召开全省数字化改革大会，把数字化改革确立为新发展阶段全面深化改革的总抓手，全面部署数字化改革工作，提出浙江在改革方向上要把握"推进省域治理体系和治理能力现代化""激发活力、增添动力""打造全球数字变革高地"三个层面，在改革重点上要聚焦党政机关、数字政府、数字经济、数字社会、数字法治，在当前重点任务方面要加快构建"152"工作体系[1]，搭建好数字化改革"四梁八柱"。当下，浙江立足新发展阶段、贯彻新发展理念、构建新发展格局，全面推进数字化改革，一以贯之锚定"数字浙江"建设，持续为全国数字化转型探索路子、贡献经验，脚步从未停歇。

1.3 数智杭州

杭州是数字经济发展的先行地，也是数字资源和数字产业的资源高地和技术高地。2000 年，杭州提出"构筑数字杭州，建设天堂硅谷"，2014 年，在全国率先提出发展信息经济智慧应用，将信息经济列为全市"一号工程"。2016 年，G20 杭州峰会上通过了《G20 数字经济发展与合作倡议》，首次将数字经济列为 G20 创新增长蓝图中的重要议题，标志着以数字经济作为国家经济发展的新引擎已经成为各国共识，杭州成为中国首提"数字经济"的城市。2017 年，《"数字杭州"（"新型智慧杭州"一期）发展规划》正式发布，规划指出到"十三五"期末，杭州要推动数据资源成为经济转型和社会发展的新动能，基本形成统筹协调、合力推进的新局面，建设新型智慧城市。2018 年 7 月，杭州市委十二届四次全会明确提出聚集数字经济"一号工程"，并宣布了打造全国数字经济第一城的行动计划。同年 10 月，杭州市召开打造"全国数字经济第一城"动员大会，提出要全面推进"三化融合"行动，将杭州建成具有国际

---

1 数字化改革"152"体系："1"指一体化智能化公共数据平台，作为智慧化平台中枢支撑各级、各系统应用创新；"5"指 5 个综合应用，即党政机关整体智治综合应用、数字政府综合应用、数字经济综合应用、数字社会综合应用和数字法治综合应用；"2"指构建理论体系和制度规范体系共两套体系。

一流水平的全国数字经济理念和技术策源地、企业与人才集聚地、数字产业化发展引领地、产业数字化变革示范地、社会数字治理系统解决方案输出地。

在新一轮数字大潮中，杭州抓住机遇，持续推进数字产业化、产业数字化、城市数字化"三化"融合，推动数字技术、经济、生活、治理、文化等全方位先行实践。2020年末，杭州市正式提出"数智杭州·宜居天堂"的发展导向，开启奋力展现"重要窗口"头雁风采的新征程。

2021年3月底，杭州市召开数字化改革暨"数智杭州"建设攻坚年推进大会，发布了《关于"数智杭州"建设的总体方案》，对全面推进数字化改革、迭代升级城市大脑、建设"数智杭州"发出攻坚令。同时，会上还发布了"数智杭州"总门户，集成党政机关整体智治、数字政府、数字社会、数字经济、数字法治等5个系统分门户和X个应用场景。该门户围绕"幼有所育""学有所教""老有所得""住有所居""游有所乐""病有所医""老有所养""事有所便"等12个应用场景和"未来社区、数字乡村、智慧亚运"3个综合型应用场景，贯穿人的全生命周期。

2021年6月10日，中共中央、国务院正式发布《关于支持浙江高质量发展建设共同富裕示范区的意见》。为全面落实共同富裕示范区建设实施方案，杭州继续推进数字化改革，全面落实"152"工作体系，积极打造"数智杭州·宜居天堂"，并通过数字化改革，将成为浙江高质量发展建设共同富裕示范区的城市范例。

第2章　杭州·市民卡发展概况

　　市民卡具备"多卡合一、一卡多用"的功能，它集社保卡、城市公用事业IC卡、银行卡等百姓日常生活中使用频率高、社会信用强、交易支付快捷的各类IC卡功能于一体[1]。在国内，市民卡的称谓主要是"社会保障·市民卡"或"社会保障卡（市民卡）"，国家部门机构统一将其称为社保卡，但在有些地区（如杭州），人们更习惯于称之为"市民卡"。市民卡具有三方面的价值：对市民而言，方便快捷办理个人相关事务、享受各类公共服务和便民服务；对政府而言，通过市民卡项目，可实现政府部门信息资源共享、协同服务，能为政府制定公共政策提供数字依据，能为执行政府公共政策提供业务、技术支持，推动电子政务建设，以提高政府效能；对社会而言，市民卡作为数字城市的基础，可为社会各机构提供支付清算、客户关系管理、信用等服务，推动电子商务建设，以提高社会效率。

2.1　杭州·市民卡发展历程

　　杭州·市民卡作为杭州城市治理和城市服务的沟通桥梁和信息化载体，先后经历了信息化、"互联网+"、数字化三个阶段，其在

1　王伟.大中城市"市民卡"技术架构与应用价值探究[J].中国信息界，2010（6）：35-39.

保障和改善民生服务方面进行了有益的创新和实践，打破了公共服务与日常消费服务的边界，有效提高了市民生活品质和城市治理水平。

2.1.1　信息化：智能卡服务能力及服务场景建设（2004—2013 年）

2004—2013 年，是杭州·市民卡十年智能卡服务能力及服务场景建设阶段。2004 年，杭州市政府成立杭州·市民卡项目建设领导小组，由杭州市投资控股有限公司出资组建杭州市民卡管理有限公司，并在杭州市南星街道首次试点发放市民卡 3373 张。2005 年，杭州市政府正式批复《2005 年杭州市市民卡项目实施计划》，实施"11340"市民卡重点项目建设，这为市民卡的智能卡服务能力以及服务场景建设奠定了基础。到 2006 年，杭州·市民卡基本实现代替医保卡，并集成公交卡、公园卡、就诊卡等公共服务功能。2008 年，市民卡道路停车收费、自行车慢行系统免费租赁、图书馆等应用正式上线，全市约 4700 辆出租车实现市民卡刷卡应用，公务员车改方案及配套系统项目获批。

2009 年，杭州·市民卡抓住公务员车改契机，推出账户支付功能，完成账户系统建立、服务系统完善、消费领域环境建设和杭州消费卡上线四项工作。这标志着杭州·市民卡支付体系初步建立。2010 年，杭州市民卡管理有限公司配合市级医保统筹"一卡通"项目和健康档案项目建设，积极落实两区、五县（市）首批市民卡和主城区首批学生市民卡与学龄前儿童市民卡的发放工作。同时，开通市民卡缴纳交通违章罚款、手机话费、固话费用和煤气费功能；市民卡自助服务机实现账户向电子钱包圈存、查询、密码修改等服务；手机市民卡（城市通卡）实现在 300 余条公交线路上的 5000 多辆公交车、约 2000 个自行车租用网点、全线 7 辆水上巴士、900 多个道路停车点、近千家消费商户刷卡。至此，杭州·市民卡的服务场景建设初具规模。2011 年，开通杭州·市民卡网上申领业务，并实现网上银行向市民卡账户（杭州消费卡）充值的功能。2012 年 6 月，杭州市政府批复市民卡公司重组方案，要求将杭州市民卡管理有限公司打造成为统筹全市政府公共智能卡发展和经营，实现发卡主体、结算清算平台和密钥体系"三统一"的重要平台。2012 年 7 月，杭州市卫生局联合杭州市民卡管理有限公司，在杭州市红十字会医院试点推出"智慧医疗"诊间付费服务，在国内首创"边诊疗边付费"就医模式，优化就医流程，改善就医体验。同年，配合杭州地铁一号线开通，杭州·市民卡系列"杭州通·通用卡"首发，市民可持一张卡乘坐地铁、公交车、出租车、水上巴士及租用公共自行车等，真正实现杭州交通"一卡通"。2013 年 1 月，杭州市民卡管理有限公司获得中国人民银行颁发的支付业务许可证，业务涵盖预付卡发行与受理（浙江省）、互联网支付（全国）、移动电话支付（全国），市民卡支付功能进一步完善；2012 年 10 月，杭州市民卡管理有限公司联合市旅委共同发行 10 万张"杭州通·旅游消费卡"，成为集旅游消费支付、旅游信息服务和城市旅游营销为一体的新平台。

至此，杭州·市民卡服务覆盖医疗、医保、交通、教育、文旅、支付、生活缴费等市民生活领域，并完成智能卡服务框架体系建设。通过智能卡服务能力覆盖和服务场景建设，杭州·市民卡完成了对市民信息的逐步积累，在公共服务和场景应用上逐步实现市民用户、账户、支付、信用、数据"五统一",进一步为市民卡服务升级奠定了数字基础。

2.1.2 "互联网+":服务转型探索及服务区域一体化实践 (2014—2019 年)

随着"互联网+"的提出,2014—2019 年是杭州·市民卡"互联网+"服务转型探索及服务区域一体化实践阶段。2014 年,杭州市卫生和计划生育委员会(现为杭州市卫生健康委员会,简称杭州市卫健委)联合杭州市民卡管理有限公司首发"浙江·杭州健康卡",统一取代各家医院各自发行的就诊卡,杭州健康卡成为杭州地区医疗机构自费人员的专用卡,实现"智慧医疗"全人群覆盖;杭州市卫生和计划生育委员会、杭州市金融投资集团有限公司、杭州市民卡管理有限公司以市民卡为媒介,构建医、养、护一体化服务的技术支撑平台,形成服务百姓的医疗健康服务网平台;杭州图书馆联合杭州市民卡管理有限公司,免费为 800 万市民卡持卡人统一开通图书借阅功能。同年,杭州·市民卡推出"市民卡志愿服务信息记录功能",积累"公益积分",配合实施社会反哺政策;杭州·市民卡官方微信公众号上线,发布市民卡的最新信息,实现定位查询服务网点、在线充值、查询账户余额及交易记录等功能;推出杭州移动"和包·杭州通"产品,实现了普通"杭州通"卡向 NFC 手机应用的迁移,为市民带来更加便捷的服务体验。另外,杭州市民卡管理有限公司还积极筹划对外来人员发行居住卡,提供养老及社区信息服务,发放大学生市民卡和在杭境外人士市民卡,实施杭州市中小学校校园体育场地设施开放等市民卡应用服务项目。

2015 年,杭州市信息经济和智慧经济发展工作领导小组办公室发布《杭州市推进智慧应用三年行动计划（2015—2017）》（送审稿），提出在个人智慧应用领域，以市民卡为载体，开展惠民征信、公共服务、互联网金融等项目建设，强化市民卡在吃、住、行、游、支付、征信等重点领域的应用。杭州·市民卡重点开展智慧交通、智慧健康、公共服务、移动端应用、区域合作、惠民征信等重点项目，持续扩大应用领域和区域。"P+R"停车换乘优惠、杭州公交与公交换乘优惠、杭州地铁和公交之间换乘优惠、惠民理财产品等也随之正式推出实施。同年9月，杭州·市民卡联合杭州市民政局开展政府资助型居家养老服务券数字化项目，率先在杭州市潮鸣街道开展"以卡代券"试点，养老服务实现数字化。

2016年，杭州·市民卡互联网用户破120万，其微信公众号粉丝数破120万。同年，惠民金服平台正式上线，目的是打造"让老百姓满意"的金融信息服务及引流平台；网络支付产品体系搭建完成，交易规模破百亿元。2016年3月，杭州市民卡管理有限公司联合交通银行首发新一代加载金融功能的杭州社会保障·市民卡，这标志着杭州市加载金融IC卡功能的市民卡应用体系初步建立，并进入实质性发行应用阶段。2016年5月，杭州·市民卡逐步接入杭州地区企业和个体户的工商信息，开展企业征信业务。2016年6月，杭州·市民卡APP3.0版本正式上线。2016年10月，杭州市民卡管理有限公司联合杭州市卫生和计划生育委员会、杭州市发展和改革委员会（市信用办）在10家杭州市属医院全面推出智慧医疗信用支付（以下简称"医信付"）服务。2016年11月，杭州市民卡管理有限公司与杭州联合银行联合发行加载杭州联合银行金融功能的市民卡。

　　2017 年，杭州·市民卡体系初步搭建"五统一"平台，启动场景互联网化融合，并上线杭州电子公交卡（码）。杭州市民卡管理有限公司开启惠民汇付，理财交易规模破 150 亿元，互联网支付规模破千亿元。同年年底，杭州市卫生和计划生育委员会、杭州市人力资源和社会保障局在 13 家市直管医疗机构推出电子社保卡医疗移动支付，推进了移动支付在医疗领域的应用。

　　2018 年，杭州·市民卡融入以市民的城市基础信息、生活轨迹以及生活中的信用情况等信息为依据的杭州城市个人信用分——"钱江分"，进一步打造信用惠民应用；同时，上线电子社保卡（码）、电子健康卡（码）。2019 年，上线"互联网+养老"服务平台，获市级研发中心认证，发行文化旅游卡，实现 100%基础服务线上化，大数据赋能显成效。

　　另外，推动服务区域一体化也成为杭州·市民卡发展的方向。2016 年 10 月，由诸暨市人力资源和社会保障局和杭州市民卡管理有限公司联合发行的"杭州通·都市圈诸暨卡"正式推出，可应用于杭州主城区的地铁、公交车、水上巴士、公共自行车、道路停车、特约商户小额消费以及诸暨的公交车、公共自行车等公共服务领域。2018 年，杭州市的萧山、余杭、富阳三地与杭州主城区已实现市民卡"同城通办"，做到市地一体化。2019 年，杭州·市民卡已全面实现大杭州区域"一卡通城、一码通城"；筹建并深度运营文化旅游卡项目，先后推出长三角PASS旅游年卡（沪杭宁）、杭州文化旅游卡（市民版）。杭州·市民卡依托"互联网+"，深入开展服务转型探索及服务区域一体化实践，实现了大范围用户覆盖和基础性应用场景覆盖，对杭州市数字化改革产生了重要而深刻的影响,有利于进一步推进数字社会、数字政府、数字经济建设。

2.1.3 数字化:助力杭州新型智慧城市建设(2020年至今)

2020年6月,杭州市做出打造全国新型智慧城市建设"重要窗口"的决定,提出要把杭州打造成为新型智慧城市建设的实践范例。在此背景下,杭州·市民卡开始步入数字化阶段。

为进一步提升市民的数字服务体验,杭州·市民卡打造面向市民的统一数字服务界面。其整体思路是:基于杭州·市民卡的现有用户、账户、支付、信用、数据五统一能力,升级杭州·市民卡技术服务体系,以杭州·市民卡APP为线上服务主界面,以金投·数字体验厅为线下服务主界面,打造统一数字服务主界面,实现线上线下融合,开放统一用户、统一支付(账户)等中台能力,统一接入场景应用,从而赋能杭州市金融投资集团有限公司数字生活服务与数字金融服务。线下服务全新打造"五个智能"服务体系,即智能宣传、智能引导、智能数据、智能办理、智能监控,精准构建智能服务体验。开发线上预约线下办理、线上办理就近领取等功能,加强线下线上服务联动;并在数字服务主界面搭建"远程营业厅",通过视频通信技术,抓住5G行业变革,提前筹备下一代的交互方式,提升服务智能体验。

为打造智慧城市场景应用,杭州·市民卡进一步参与打造统一、规范的专业领域的智慧城市数字标准规范体系,在市民信息运用和管理方面加快完善涵盖采集、传输、存储、处理、交换全生命周期的数据安全保障体系,为数字生活和数字公共服务提供全面的信息安全保障。在信息安全基础之上,杭州·市民卡丰富应用场景,深入未来社区、智慧养老、智慧助残、智慧医疗、便接驳车、公共交通、人才码平台、社会保障、消费支付、金融理财等各领域探索和完善，在推进生活数字化、公共服务数字化的同时，打破数字服务领域弱势群体的"数字鸿沟"，让智慧城市建设发展成果惠及更多群体，让每个人都能共享数字时代和智慧城市建设的发展红利。因此，在 2020 年，杭州·市民卡相继发行交通领域全国互联互通卡、基于 NFC 技术的手机杭州通卡；在杭州市委组织部牵头下，推出面向杭州高层次人才、青年人才、国际人才提供百余项人才专属服务，实现"一码畅享服务"，助力杭州打造人才生态最优城市。2021 年，杭州·市民卡持续丰富和拓展智慧城市应用场景，完善建设杭州通电子卡（荣誉教师码）项目、智慧助残平台项目、杭海城际铁路联合发卡项目、金融板块开发项目等城市生活服务。另外，杭州市民卡管理有限公司推进数智杭州综合应用建设，在治理端集成卫健、人社、文旅、教育、城管等各业务部门 12 大领域 3 大社会空间多场景任务执行情况及业务感知数据，围绕"一体化、全方位、制度重塑、数字赋能、现代化"的特征，打造统一的工作台；在服务端根据人的全生命周期集成各类便民应用及一件事联办事项（按需），同时创新构建市民爱心积分体系与激励回馈机制，打造"可感知、会思考、有温度"的数字社会。

2021—2023 年，杭州市民卡管理有限公司围绕杭州市金融投资集团有限公司"金融产业+实体产业+数字产业"的发展架构，以及"数字科技产业发展三年行动计划（2021—2023 年）"，深耕智慧城市数字生活服务、第三方支付、金融信息中介服务三大业务板块，深耕杭州，面向长三角，辐射全国，致力于成为区域领先、国内一流的智慧城市服务运营商，助力杭州新型智慧城市建设，助推杭州市金融投资集团有限公司数字科技产业发展。在此情况下，杭州·市民卡服务以及智能应用通过"五统一"平台能力，以网络、安全、云资源、人工智能、区块链等为基础设施或技术手段，以智能卡、智能手机为服务载体，实现市民卡基础服务、社会保障、公共交通、公共服务、信用服务、消费服务、网络支付、金融理财等领域应用场景的线上线下融合，并构建可接入更多行业、更多区域的移动端城市服务平台生态体系，从而助力杭州新型智慧城市生态圈的完善，推动城市生活智慧化，实现城市治理体系现代化。

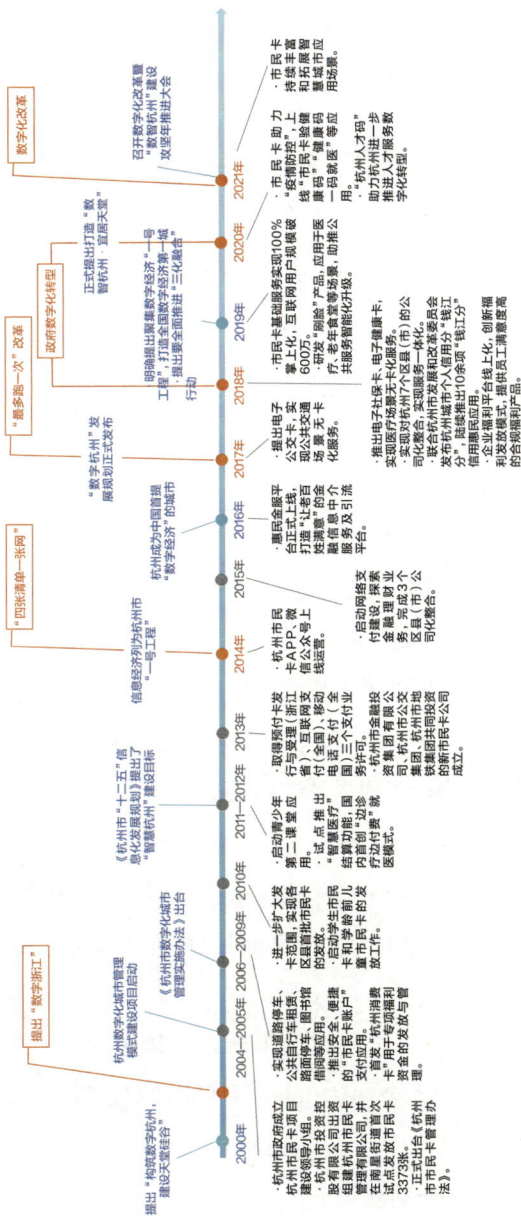

杭州市民卡发展时间轴

提出"数字浙江"

《杭州市数字化城市管理模式建设项目启动
《杭州市数字化城市管理实施办法》出台

《杭州市"十二五"》提出了"智慧杭州"建设目标

信息经济列为杭州市"一号工程"

"四张清单一张网"

"数字杭州"发展规划正式发布

杭州成为中国首提"数字经济"的城市

"最多跑一次"改革

政府数字化转型

正式提出打造"数智杭州 宜居天堂"

数字化改革

召开数字化改革推进大会,深入推进"数智杭州"建设

2000年
·杭州市政府成立杭州市民卡项目建设领导小组、杭州市民卡公司组建领导小组和杭州市民卡管理服务中心有限公司。
·正式出台《杭州市民卡管理办法》。
·在新闻频道首批试点发放市民卡3373张。

2004—2005年
·实现通道停车、公共自行车租赁、路网等应用。
·杭州市民卡公司借鉴香港八达通股份有限公司组建模式,组建杭州通管理股份有限公司。

2006—2009年
·进一步扩大发卡范围,实现杭州各区县(市)的市民卡的发放。

2010年
·启动青少年第二课堂应用。
·试点推出"智慧医疗"结算功能,国内首创"边诊疗边付费"就医模式。

2011—2012年
·取得预付卡发行与管理(浙江省)、互联网(全国)、电话(全国)三个支付业务许可。

2013年
·启动学生卡和学龄前儿童卡的发放。

2014年
·杭州市民卡APP、市民卡微信公众号上线。

2015年
·启动网络支付金融理财业务,实现服务群、城市区县(市)公司化整合。

2016年
·惠民金融平台正式上线,打造"北上杭"普惠金融第三城。
·杭州市公共资源交易集团有限公司、杭州地铁集团共建投资的市民卡公司成立。

2017年
·推出电子公交卡,实现杭州各区县(市)的公交一体化服务。

2018年
·明确提出要集数字经济"掌上化,互联网用户规模破600万。
·研发"同链"产品,医、老年食堂餐饮场景,助力公共服务智能化升级。

2019年
·市民卡基础服务实现100%,互联网用户规模破600万。

2020年
·正式提出打造"数智杭州 宜居天堂"——一号工程,打造全国数字经济第一城,提出要全面推进"三化融合"行动。

2022年
·市民卡助力"疫情防控"上线,打造市民"健康码""一码就医"等应用场景。
·研发"同链"产品,老年食堂、老年食堂餐饮场景,共建食堂智能化户级。

2024年
·市民卡持续丰富、持续拓展服务和拓展健康市应用场景。
·市民"人才码"助力杭州进一步推进人才服务数字化转型。

2.2 杭州市民卡管理有限公司

2.2.1 公司简介

杭州市民卡管理有限公司成立于 2004 年 7 月，是一家经杭州市人民政府批准，由杭州市金融投资集团有限公司全资控股的国有综合性支付服务企业，总部位于杭州。该公司受杭州市政府委托负责杭州·市民卡（社会保障卡）的发行、运营和业务拓展工作，并于 2013 年 1 月获得中国人民银行颁发的支付业务许可证，业务涵盖预付卡发行与受理（浙江省）、互联网支付（全国）、移动电话支付（全国）；2019 年获准开展跨境人民币支付业务。杭州·市民卡是杭州市政府"为民办实事"的重点项目之一。经过 17 年的发展，依托移动互联网技术，杭州市民卡管理有限公司实现从传统的"卡服务"向"卡服务 + 移动端服务"的转型升级，建成智慧城市市民服务平台，为市民提供便捷的公共服务、生活服务和金融科技服务。杭州市民卡管理有限公司也依托自身的产品、技术、运营能力，为政府单位制定公共政策提供数据支撑和信息化载体，提高政府管理的服务效率和服务能力，同时也负责技术实施及运营，助力智慧城市建设。

截至 2021 年底，杭州市民卡管理有限公司累计支付交易服务笔次超过 2 亿笔，金额达 3000 余亿元，积累客户超过 1300 万，服务商户范围遍及长三角、珠三角及北京、重庆等地区。公司于 2018 年至 2021 年分别获得业内"最佳普惠金融机构奖""年度最具社会责任感企业""年度优秀互联网支付机构""年度最具潜力支付企业"等奖项，并已连续 3 年入围全国支付机构百强榜。杭州市民卡管理有限公司本着"创造便捷，感知幸福"的服务理念，致力于为社会大众、公共服务和商业服务提供最佳的金融科技服务，是国内领先的数字城市支付服务商之一，现已形成用户、账户、支付、信用、数据"五统一"平台能力，构建了线上线下一体化服务体系，全面创新"智能卡＋智能手机"的服务模式，市民卡应用在覆盖人群、应用成效、社会影响等方面已走在全国前列。当前，市民可通过杭州·市民卡方便快捷地办理个人相关事务，享受各类公共服务和便民生活服务；政府部门可以实现信息资源共享和业务协同；社会机构可以享受支付清算、信用服务、信息服务等相关服务，从而提高了市民获得感、政府效能和社会效率。

2.2.2　业务领域

1. 市民卡基础服务

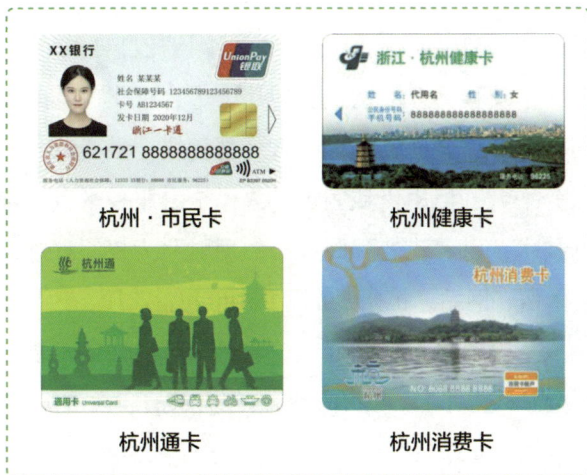

杭州·市民卡　　杭州健康卡　　杭州通卡　　杭州消费卡

为市民提供实体卡的发行和运营服务，包括市民卡、杭州通卡、健康卡和消费卡；负责自有服务体系（柜面、呼叫、线上）和代理服务体系（合作银行网点、服务代理点等）的业务管理；为市民卡整体C端业务提供运营维护和客服支持。

2. 智慧城市业务

通过政府购买服务形式，为政府部门开发、维护、运营数字服务平台。当前，智慧城市业务主要围绕杭州市数字社会十二大应用场景（幼有所育、学有所教、劳有所得、住有所居、文有所化、体有所健、游有所乐、病有所医、老有所养、弱有所扶、行有所畅、事有所便）和三大综合应用场景（未来社区、数字乡村、智慧亚运），具体包括未来社区、健康码、人才码、CITYPASS（多游一小时码）、智慧助残、智慧养老等项目或场景建设，为政府和社会带来了巨大的经济效益和社会效益。

3. 金融信息服务

通过"线上+线下"模式，为市民提供一站式综合金融服务，包括理财、贷款和保险等。杭州·市民卡依托自身多年品牌信誉、便民服务网络及移动互联网创新应用，整合杭州市金融投资集团有限公司内部雄厚金融资源，引入外部优质金融资源，建设了惠民金融服务平台、信用借钱频道。惠民金融服务平台，基于市民卡大数据技术，以"让老百姓放心的理财"为核心理念，通过市民卡公司微信、网站、杭州·市民卡APP和营业厅、区县市民卡公司等线上线下渠道进行产品展示、宣传，打造便捷、普惠的一站式互联网金融服务平台，为有金融服务需求的广大市民提供优质、合规的金融理财服务。2016 年 5 月，惠民金融服务平台正式上线，2017 年杭州惠金资产管理有限公司成立，进一步扩大互联网理财业务维度，搭建保险服务平台，接入平安财富、平安养老等互联网保险服务合作方，以及车抵贷、金投信用分期等小贷业务。借钱频道信贷产品完善，服务全杭州有借贷需求的用户，为用户提供精准的一对一在线咨询指导，让老百姓体验便捷高效的贷款服务。

4. 数字生活服务

立足杭州本地"吃穿行游购娱"等领域，依托 APP、微信公众号等线上平台，开展电商业务和线上广告业务。其中，线上电商业务为市民提供本地生活与电商服务，涵盖亲子、旅游、美食、教育等板块。广宣合作业务为企业提供品牌宣传方案、地面推广方案、异业联动方案，包括房产、相亲交友、商场、家装等板块。企业福利业务主要面向杭州本地国企、机关和企事业单位等客户销售预付卡（预付卡资金可在线上、线下市民卡消费场景使用），用于为员工提供福利；打造线上线下企业福利平台，为机构客户提供用餐、用车等专项费用的合规发放通道，做到专款专用。同时，线上平台已对接网易严选、京东精选、大众点评、美团、饿了么、叮咚买菜和话费油卡充值等多场景服务，从吃穿住行各方面满足客户需求，为企事业福利发放提供一体化解决方案。

5. 第三方支付业务

杭州市民卡管理有限公司已建立健全的预付卡支付、互联网支付和网络支付的技术体系，打造"惠民汇付"支付产品体系，为公司的线上线下服务以及为外部商户提供支付清算服务。2021年，公司整合市民卡现有支付账户资源，以"市民卡＋市民码"为载体打造城市级支付运营体系，形成"场景＋用户＋支付＋数据＋服务"的闭环，构建"城市级"支付能力。

第 3 章 杭州·市民卡体系

经过 17 年的发展，杭州·市民卡已形成一个完整的体系。从不同的角度，市民卡体系又可分为服务体系、技术体系、市民基础信息交换体系以及运营维护体系。这四大体系共同支撑市民卡的数字化转型，为市民卡体系的场景应用提供全方位、全周期的服务。

3.1　市民卡服务体系

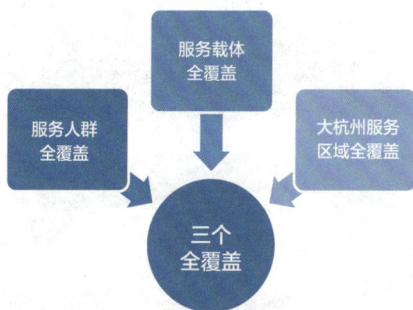

杭州·市民卡已建成一套较为完善的服务体系，包括服务窗口（主城区 13 个自有网点、580 个银行代理点等），96225 服务热线，官方微信，手机客户，www.96225.com 服务网站，支付宝生活号，短信平台及合作充值服务网点（包括公交 IC 卡充值服务点、地铁站点、银行网点、连锁便利店等）。2017 年，杭州市民卡管理有限公司组建萧山、余杭、富阳、临安、桐庐、淳安、建德等 7 家区县

市民卡公司，完成四区、三县（市）公司化整合，建成覆盖杭州14个区县（市）的窗口服务、自助服务、热线服务、移动端服务等"四端一体"服务网络，实现大杭州服务载体、服务区域和服务人群的全覆盖，基本实现杭州主城区的合理布局与全面覆盖，能充分满足用户办卡、充值、咨询、网上支付等各类需求；同时，与合作银行网点建立了市民卡服务网络，方便市民办理业务。

另外，杭州·市民卡体系还提供窗口服务，拥有自营网点30个，日均接待5000人次，拥有银行、公交等合作网点1065个；在自助服务上，在服务网点、地铁站、公交站、公共自行车亭等布设

自助终端近 7000 台；在 96225 热线服务上，拥有座席 31 个，7×24 小时服务不打烊，日均服务 4000 人次，峰值服务超 5000 人次；在移动端服务上，以杭州·市民卡 APP 为核心开展线上运营服务，基础服务 100% 线上化，提供多个公共服务场景的"卡码融合"服务和本地生活 O2O 服务，拥有互联网用户 975 万，月活用户超 100 万，日活峰值超 22 万。

3.2 市民基础信息交换体系

杭州·市民卡体系需要共享的数据主要是市民基础信息数据，因此，市民基础信息交换指标体系是杭州·市民卡的重要内容。市民基础信息交换指标分为四个大类：一是市民个人身份基础数据指标，也就是标识市民个人的基本信息项和紧密关联于个体并且在所有政府部门几乎都有共享意义的信息项；二是市民个人业务基础数据指标，即与个人在各个政府部门办理各项业务关联的业务类基础信息；三是市民卡应用数据，各业务部门的部分业务发生会对市民卡内数据进行更新，该类数据需要交换给市民信息服务中心，同时卡管理数据也需要进行交换；四是各部门通过公共服务网点面向市民提供公共查询服务数据。

信息交换共享的途径有两种：一是通过信息资源的大集中而实现共享；二是通过信息资源的交换而实现共享。市民卡基于信息资源大集中实现共享，通过政府各个业务部门的数据大整合、业务流程的大重组，以及高效的网络、主机、数据库等技术条件支持，在政府社会管理和公共服务职能分工体系框架下，在相关法律法规的允许内，实现市民基础信息交换共享。

市民卡数据涉及多个政府部门，每个部门都有市民基础信息数据，有必要实现市民基础信息交换共享，因此，市民基础信息交换体系对市民卡服务的运转具有重要意义。通过建设市民基础信息交换平台，以实现跨部委办局的市民基础信息的共享互通，同时形成杭州市的市民基础信息数据库，该库将记录贯穿市民一生的各类公共基础信息，提供准确、完整、统一、动态的市民个人电子档案，以此为数据基础制作发行市民卡，实现"一卡通用"和"一卡多用"；并结合数字应用场景建设，进一步打造和实现"数字市民"。市民基础信息数据库为各类市民服务系统提供数据基础，为市政府的各类决策提供数字依据，同时也为各类商业增值应用提供数据基础。

3.3 运营和维护体系

科学、有效的运营体系是衡量信息化应用成效的根本标志。在传统的项目建设中，往往存在着"重建设、轻运营""重建设、轻管理"的误区。杭州·市民卡是杭州市第一个跨多个部委办局的市民管理服务信息系统，既是一个复杂的信息化应用项目，也是一个复杂的社会系统工程。杭州市民卡管理有限公司高度重视杭州·市民卡服务体系的建设运营，将建设运营体系作为项目工程的整体建设内容之一。

3.3.1 运营和维护的思路

立足于有效管理、长期经营和可持续发展，杭州·市民卡运营方案主要体现以下思路。

第一，项目运营体系的设计以"为民、利民、便民"为原则，以信息化手段辅助政府的社会管理和公共服务职能，创建高效的服务型政府。在项目运营中适度引进市场化运作手段，注重政府和市场的合理分工，实现管、办分离。市场化的本质在于竞争，规划在项目运营中拟适度引入竞争、激励和约束机制，使参与项目运营的个人和机构在竞争的环境中投入项目的管理、服务和运营维护工作，高效运营政府投入的资源，以政府有限的资源投入获得项目无限的社会管理和公共服务收益。

第二，坚持以公共服务体系建设为主体的公益性质，坚持政府在市民卡运营中的主导地位，坚持公共服务建设的财政主体投入原则，同时对所建设的市民卡载体、综合信息资源进行增值开发利用，以其增值效益吸引社会资金的多元化投入，以减轻财政的一次性建设投入和每年运营维护经费的压力，妥善解决市民卡的社会公益性与社会资本的天然逐利性之间的矛盾。

3.3.2 运营和维护的基本原则

杭州·市民卡体系的最终目的是服务于市民，市民卡建设的各类业务管理和服务系统只有在一种高效、灵活的运营维护体系支撑之下，才可能将各种服务传递给市民。对于运营维护人员来说，其服务"客户"往往并不是市民这一直接客户，而主要是市民卡各级运行服务人员，特别是各个窗口的服务人员，也包括类似窗口服务功能的呼叫中心、综合网站等，运营维护服务的质量直接影响到窗口人员的服务质量，进而影响到面向市民的服务的质量。运营维护体系往往是大型项目有效运行的关键环节，如果将整个市民卡体系的各级系统比作一个庞大的躯体，则项目运营维护体系是保持躯体正常运转的中枢神经。杭州·市民卡运营维护的基本原则如下。

　　第一，坚持以客户为中心、以服务为导向。在确保系统安全、高效运行的同时，必须坚持高效灵活地响应"客户"的请求，以使排除故障、解决问题在最短时间内完成。

　　第二，设备和系统层统一维护，应用和数据层分权维护。设备和系统层面的维护工作相对比较专业化，对业务的依赖度又不大，因此可以建立统一的维护机制。而对于应用和数据层面，往往与业务的关联度很大，需要分权处理，每个业务部门、每个业务人员根据自己的分工，各自负责。

　　第三，推行主动维护机制。提高运营维护质量的措施之一是推行主动维护机制，要求运营维护人员通过例行测试、性能统计分析、网络监控等网络和系统管理功能来实现主动维护机制，争取早于"客户"发现问题、解决问题。

　　第四，建立应急处理预案。杭州·市民卡体系的风险因素复杂，一旦发生故障，影响面就很大。因此，在系统的运营管理中，需要建立一套针对重大事故或紧急突发事件的应急指挥和处理预案，在事故发生后能按照预案在最短的时间内恢复服务，以保证服务的连续性。

　　第五，使用服务品质协议（service-level agreement，SLA）的运营维护服务理念。SLA是一种IT服务的品质保障措施，主要用于保证IT服务的可靠性。

第 2 部分

成果篇

Achievement

第4章 杭州·市民卡筑牢数字基座

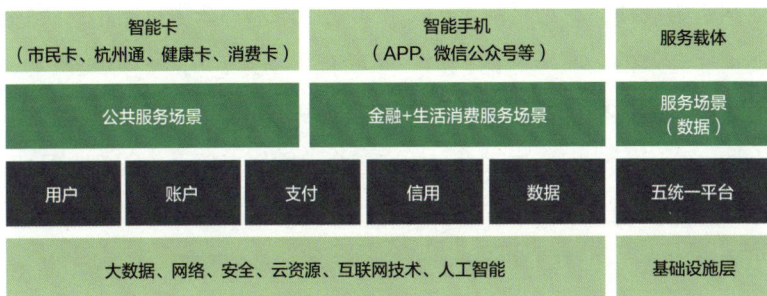

智能卡 （市民卡、杭州通、健康卡、消费卡）		智能手机 （APP、微信公众号等）		服务载体
公共服务场景		金融+生活消费服务场景		服务场景 （数据）
用户	账户	支付	信用	数据	五统一平台
大数据、网络、安全、云资源、互联网技术、人工智能				基础设施层

  数字基座是支撑服务化转型和数字化转型，集技术、数据、平台、服务载体于一体的数字化综合服务平台。在企业中，数字基座能为服务场景互联互通提供技术支撑。杭州·市民卡数字基座以新型数字技术为基础，构建用户、账户、支付、信用、数据"五统一"平台，开发应用场景，并通过各种服务载体，有效推动了市民卡的服务创新和内在价值释放。同时，杭州·市民卡也通过大范围用户覆盖、全方面基础性应用场景覆盖以及全周期数字运营，反向筑牢数字基座，使得数字基座持续优化。

4.1　大范围用户覆盖

  杭州·市民卡体系以"线上＋线下"服务体系为着力点，构建全面覆盖的普惠金融服务网络，不断扩大独特的服务场景、用户、数据资源。

杭州市金融投资集团有限公司积极参与杭州市公共服务平台建设和运营，为市民提供高质量的公共服务，已建设运营"杭州·市民卡""杭州办事服务""杭州e融""杭州健康通"等线上公共服务平台。杭州·市民卡以"惠民汇"线上生活服务平台和市民卡营业网点为载体，打通"线上+线下"服务体系，在为杭州市民提供便捷、高效的公共服务的同时，不断积累场景、用户、数据资源，形成独特的比较优势。杭州·市民卡公共服务"一卡通"已涵盖图书馆、公园、学生第二课堂、体育健身、志愿者服务、工会会员服务等应用。杭州·市民卡APP推出了市民卡基础服务、图书馆、学生第二课堂、体育健身、志愿者服务等手机端应用服务，并不断拓展社保查询、医保共济、工会应用等服务。

（1）服务场景丰富多样。服务场景覆盖社会保障、医疗健康、公共交通、文化教育、旅游休闲、信用服务、普惠金融等城市生活领域，已有30余个场景，100余项服务。

（2）用户服务广泛覆盖。杭州·市民卡已实现全市域覆盖、全人群发放、全年龄应用。截至2021年底，杭州市社会保障卡（市民卡）累计持卡人数达到1370万人，"杭州·市民卡"持卡用户达1370万人，APP注册用户达520万人，月活用户有100万人；杭州·市民卡微信矩阵粉丝数已达300万人，市民卡支付宝生活号粉丝数已近400万人；"钱江分"主动开通人数达453万人。

（3）数据资源精准丰富。通过"杭州·市民卡"平台，形成全要素用户基础信息库，并积累公共交通、医疗健康等业务数据。"杭州·市民卡""钱江分"等平台接入政府相关部门数据，并通过该服务积累业务数据。

杭州·市民卡体系已建立了由线下营业厅、96225呼叫中心、市民卡APP和市民卡微信公众号平台等组成的完整的线上、线下服务体系,年服务客户超过1000万人次。在为公共服务提供服务保障外,"线上+线下"一体化服务体系可有效应用于普惠金融、商业运营、营销推广等领域,而且均有成功案例。随着金投·市民卡数字体验中心的建成,信息化、数字化、科技化服务能力得到全面提升。

在公共服务领域,杭州·市民卡为日均千万级交易频次的医疗保障、公共交通等场景提供技术保障;在支付领域,杭州·市民卡支付系统可为千亿级的交易规模提供支付服务;在金融服务领域,杭州·市民卡技术力量可以充分应对每日上亿元的产品交易及兑付工作;在大数据赋能方面,杭州·市民卡已实现APP端"千人千面"、大数据精准营销等功能,并研发医保数据模型,协助医保局查实医疗机构虚拟参保人员医疗费的违法违规事实。

4.2　基础性应用场景

经过17年的发展,杭州·市民卡体系针对不同人群的使用需求,不断开拓社会服务基础性应用场景,使得市民卡服务能力不断升级优化。杭州·市民卡已发行包括市民卡系列、原公交IC卡系列、杭州消费卡系列、行业应用卡系列、杭州通卡等多种智能卡,并通过功能整合,实现"杭州一卡通",其公共服务内容已基本覆盖市民生活的各个场景,给杭州市民的日常生活带来了极大的便利。

根据不同主体和服务领域,杭州·市民卡主要有以下功能服务。

从服务主体来看，成人市民卡主要为杭州市包括区县 16 周岁以上、杭州户籍或非杭户籍在杭参保人群提供服务，服务领域主要包括医保结算、公共交通、公共服务、商盟支付等四类。学生市民卡发放对象是杭州户籍和非杭户籍在杭就读的在校学生，主要包括公共交通（包括通用钱包以及学生优惠）、少儿医保、公园年卡、图书馆借书证、健康档案、第二课堂、学籍卡、校园卡等应用功能。学龄前儿童市民卡发放对象是杭州户籍、参加杭州少儿医保的非杭户籍、纳入杭州市卫生局健康档案管理对象的非杭户籍的学龄前儿童，主要包括少儿医保、健康档案、计划免疫等应用功能。区县成人市民卡发放对象是杭州市区县 16 周岁以上、杭州户籍或非杭户籍在杭参保人群，主要应用功能包括医保结算、公共交通、公共服务、商盟支付、金融支付等五类。

杭州通品牌交通卡

　　从服务领域来看，杭州·市民卡服务范围主要覆盖交通领域、消费领域、行业领域等。在交通领域，杭州公共交通 IC 卡针对不具备申领杭州·市民卡资格的在杭州居住人群、具备杭州·市民卡申领资格且自愿申领公共交通卡的人群、临时来杭人群发放，具有公共交通通用钱包功能，可用于公交车、地铁、公共自行车、路面停车、出租车、水上巴士等领域，也具有除学生优惠和老年人优惠以外的公共交通优惠功能，但不能用于其他商业应用环境。其交易模式为离线交易模式，不设密码。公共交通 IC 卡包括原公交 A 卡、B 卡、C 卡、D 卡、T 卡、Z 卡、停车卡等。随着服务质量要求的不断提高，杭州·市民卡体系进一步整合公共交通 IC 卡服务功能，针对杭州市民和外地来杭人员发行"杭州通·通用卡"。杭州通卡分为通用卡、交通卡、学生卡、长者卡（1）、长者卡（2）以及优待卡，具有储值消费功能，卡内设有电子钱包区和优惠月票区，电子钱包区（卡内最高限额 1000 元）可在公共交通领域的地铁、公交车、出租车、水上巴士、公共自行车、道路停车和特约商户的小额消费领域应用；优惠月卡区仅限在公交车应用。在消费领域，杭州·市民卡针对不具备申领杭州·市民卡资格的在杭州居住人群和具备申领市民卡资格并自愿申领消费卡的人群发行杭州消费卡。该卡主要用于公共事业缴费以及加油、汽车服务、商场、超市、便利店、餐饮、娱乐、休闲等，为市民提供打折优惠服务。在行业领域，行业应用卡主要有保险卡、就诊卡、手机市民卡、校园临时卡、第二课堂组织卡、第二课堂临时卡等。保险卡通过与保险公司、指定医疗机构合作，以市民卡或补充医疗保险卡为载体，实现补充医疗保险账户开通、账户充值、消费交易、结算等流程的电子化；对于不符合市民卡/社保卡发放条件的来杭就医市民，发放全市统一的杭州通·就诊卡，使之享受便捷的医疗服务；第二课堂卡主要应用于学生参加校外活动管理的领域，作为学生个人参观第二课堂场馆凭证，刷卡 1 次即记录个人参观 1 次，或用于学校组织批量学生参观第二课堂场馆凭证，刷卡时可以输入参观人数，记录学校参观次数；校园临时卡主要是配合智慧校园应用而开发的新卡，用于实现针对校内人群的校内支付、校内门禁、校内图书馆等相关应用，以及针对学校的校园管理应用。

由此可见，通过对用户、账户、数据、信用、支付等进行统一，杭州·市民卡基础性应用场景已覆盖交通、社保、教育、医疗、消费、文旅、金融、支付等领域。而今，杭州市民卡管理有限公司按照规划制定并细化杭州·市民卡发展体系，简化卡种并优化保留卡种的应用，以"方便市民应用"为核心，通过市场化运作方式，满足市民、商业机构、政府机构的需要，通过信息化、数字化手段为公众提供更多的便捷服务，进一步完善了"数字社会"应用场景。与此同时，杭州·市民卡作为市民和政府的纽带，能够第一时间了解和把握市民需求，在借助信息化技术和新技术手段创新市民应用的同时，能够及时反馈市民和市场对政府的政策需求，通过政策影响积极协助政府管理，不断完善政府公共服务体系、改进政府工作，协助推进"服务型政府""数字政府"的建设进程。

4.3 全周期数字运营

杭州·市民卡是杭州市政府面向市民管理和服务的综合性服务项目，具有规模大、涉及面广、实施时间长、应用环境复杂等特点，其运营维护需要面面俱到、统一完善，以保证市民卡运营有充分的活力，保证市民卡各建设项目顺利启动、有序推进、按期完成，保证市民卡的有效运营、长期经营和可持续发展。

面向业务/服务的管理的主要目的是满足业务可用性的需求，即政府各职能部门之间、政府职能部门与数据中心之间数据交换的正常运行，市民卡发行、管理和使用的正常运行。

为实现全方位、全周期的服务管理与维护，面向业务/服务的管理要做到：对系统中的各项资产，包括服务器、前置机、网络设备等硬件设施，数据库、交换中间件等系统软件，以及相关的文档、相应的运营维护人员的技能等进行管理；对系统中出现的问题进行跟踪、记录。规范问题的解决流程，记录处理过程中问题的分类、处理时间、处理结果等信息，并根据问题的解决情况，生成相应的问题解决方案，添加到方案库中；对系统中出现的变更进行规划、实施、评估，使系统中的变更按照一定的流程进行，始终处于可控的状态。

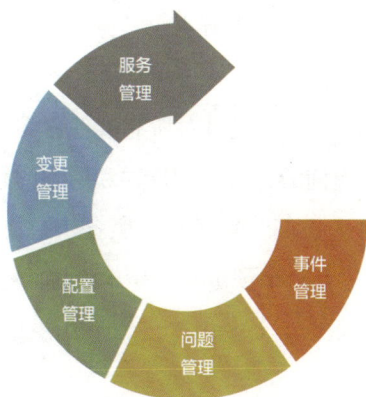

4.3.1 事件管理

事件管理指对于任何来源和类型的事件，触发相应管理流程进行记录、分类、设定问题的严重级别、分派、跟踪等工作。

杭州·市民卡系统的服务人员通过对传入请求的处理进行优化，从而确保有效地处理所有会影响用户体验的事件。传入的服务请求可能来自客服系统、运营维护小组、共建部门或者系统管理工具等。通过输入服务请求、记录事件相关的配置条目、记录报告事件人员的信息、分派事件给相关专家、解决事件，系统服务人员按流程化方式跟踪和解决事件。

系统服务人员可以迅速获得关键的事件信息，例如相关的配置条目、事件处理的历史信息。与事件相关的解决方案知识库可以帮助快速有效地解决事件。另外，服务人员可以对提交的重复事件进行关联处理，同时进行解决，提高事件处理的效率。当系统服务人员无法解决事件或断定为某个问题时，问题管理可以跟踪和分析底层的问题来断定根源，最终采取相应措施来解决对应的问题。

运行服务体系的事件管理有六个具体要求：其一，需要提供单一的维护联系点和用户交流；其二，要开发用户用于提交事件请求和查询状态的界面；其三，提供对所有事件分类的机制；其四，提供一个综合的、可查询的、对已知错误和问题的解决方案数据阵；其五，提供升级处理机制，自动根据服务水平协议处理和分配事件；其六，提供超过若干个预定义、易于配置的报表和图表，显示对服务水平的满足情况。

4.3.2 问题管理

杭州·市民卡的问题管理通过客服系统、运营维护小组、共建部门或者系统管理工具等方式获取问题信息，系统服务人员对问题进行识别、记录、评估、分析、预测、回顾等操作，从系统中查找和断定根源问题并解决问题。

在市民卡运行服务体系的问题管理中，可以做到提供分类机制，创建跟踪问题记录；按规定的阶段跟踪和监控问题，提供所有问题处理工作的审计记录；提供问题分派和基于严重等级的升级处理功能；若干个预定义和易于配置的报表与图表提供历史及实时信息等，从而有效解决市民卡服务体系中的相关问题。

从目的上看，问题管理是为了减少问题的发生，减轻已经发生的问题对业务运作的负面影响。市民卡运行服务体系中的问题管理对于提交上来的问题，会根据问题提交者的用户类型、用户级别、问题对系统运作的影响程度、问题影响的用户范围等因素进行全面衡量，制定相应的问题优先级，使得最迫切、最严重、影响最大的问题得到最迅速的解决，保证用户的服务体验。而在此过程中，市民卡运行服务体系中的问题管理流程将定时对问题发生的趋势进行分析，以便找出问题发生的根本原因，发掘出问题背后的根源，采取相应的措施降低同样的问题发生的概率，并分析问题发生的模式，发掘有助于减少问题发生的其他需求，最后实现可以采取预防性措施来减少问题发生。

4.3.3 配置管理

配置管理是通过技术或行政手段对软件产品及其开发过程和生

命周期进行控制、规范的一系列措施。其目标是记录软件产品的演化过程，确保软件开发者在软件生命周期中各个阶段都能得到精确的产品配置。

杭州市民卡管理有限公司对市民卡的服务运营维护也采取了配置管理，用配置管理记录市民卡各种数据体系的相关资产与配置信息，其中包括硬件资产、软件资产、文档资产、资产关联、人员组织等，并形成可共享的资产配置库和资源数据库。

由杭州市民卡管理有限公司采集和维护系统资产（包括软件、硬件、文档和流程）配置数据与资产关系的综合解决方案，并建立配置管理数据库维护所有构成数据基础框架的配置条目，如型号、序列号、物理位置、用户、维护合同信息、租借、保修等，以便对出现的问题及时追踪溯源。每个配置条目由多个部件组成，而且与其他配置条目有多种联系。所有服务管理应用都可以访问配置条目信息，从而有助于找到问题根源并解决问题。

要使市民卡体系产品顺利开发和得到及时维护，配置管理要做到维护和管理存储配置条目所有相关信息的配置管理数据库；确认和维护配置条目间的物理和逻辑关系；对配置条目的状态和信息的变化进行管理；提供数据完整性验证功能；记录所有的变更历史以供审计；提供标准和易于配置的报表进行分析（标准兼容程度、安全审计、资产配置、保修情况）。从而紧扣杭州·市民卡及其体系产品开发和运营维护的各个环节：对管理用户所提出的需求，监控其实施；确保用户需求最终落实到产品的各个版本中去，并在产品发行和用户支持等方面提供帮助，响应用户新的需求，推动进入新的开发周期。

4.3.4　变更管理

有变更的需求就要有变更的控制和管理。在杭州·市民卡体系发展过程中，市民的公共服务需求是随社会经济的发展而不断变化、增多的。因此，对市民卡的运营也要做到变更管理，以满足市民需求的变化，并促进市民卡及产品体系的迭代升级。变更管理是指项目组织为适应项目运行过程中与项目相关的各种因素的变化，保证项目目标的实现而对项目计划进行相应的部分变更或全部变更，并按变更后的要求组织项目实施的过程。变更管理定义一系列标准化的方法和流程，管理和指导对流程、配置、事件/问题状态、版本、服务质量等的所有变更操作，保证变更的顺利进行。

杭州·市民卡的系统架构具有复杂性和重要性的特点，收集、规划、实施、监控、评估所请求变更的项目或流程对服务质量有直接的影响。只有控制对系统的变更活动，系统服务人员才能确保服务的可用性和质量。杭州·市民卡的运营组织——杭州市民卡管理有限公司负责对市民卡的服务变更进行跟踪处理，从变更请求提交开始，记录所有的变更信息，包括基于优先级规划变更、对服务项目和数据体系环境的影响、变更所需的资源与技术，经过变更实施直至对最后的结果进行评估。杭州市民卡管理有限公司提供一个强大的审批服务机制，用于管理复杂的请求审批流程，分配完成变更所需的任务。如果在实施过程中发生问题，杭州市民卡管理有限公司相关团队可以对市民卡服务进行升级和警告处理；重复的变更需求可以通过变更模版完成。在变更过程中，管理团队提供报表来评估变更的效果以及所花的时间、费用；提供分类机制接收、登记、存储变更请求，跟踪变更的相关信息（分类、优先级、原因、范围等）；提供审核、授权、分派实施各阶段对变更请求的跟踪功能，根据不同标准确定审批途径；若实施变更后引发事件，提供备份措施支持功能；提供风险分析功能，帮助确定每个变更请求潜在的风险；提供影响评估、资源请求和通知功能；提供优先级、紧急度和影响的信息。

从中可以看出，杭州·市民卡的部分服务变更是根据特定的变更任务而展开的，负责某一变更请求的管理员可创建任务来定义完成改变变更请求而要进行的行动，并跟踪和监控该任务的完成进度。作为运营方的杭州市民卡管理有限公司事先计划，对可能出现的变更请求和变更任务进行分级、分类，以帮助用户根据服务需要快速确定变更请求的内容，管理人员根据用户提交的申请审查和处理每个变更请求，总结执行每个变更任务所花的时间、资源等，分配技术支持组或个人来处理变更请求，并在完成任务后及时反馈。

4.3.5　服务管理

服务管理的目的是提供市民对市民卡的服务感知质量，吸引更多的市民用户，同时进一步提高服务效率，降低运营成本。杭州·市民卡实行服务管理的目的在于，通过与市民卡各个服务主体的协商，确定服务质量标准并实施，进行不间断的监控改进与优化提升，从而提高服务质量。

从服务管理的外部来看，以业务方式运作服务的关键是服务实施的水平和客户的期望值。因此，杭州·市民卡在提供服务的过程中，定义事件、问题、变更、配置管理流程的优先级和满足客户期望值的服务水平至关重要。杭州·市民卡的服务管理提供了保证所需可用性的方法，并能评估是否达到服务水平。例如，当系统响应时间超标，系统服务专家将通知管理层把问题提交给事件管理或问题管理流程处理，通过实施服务管理，可以有效地实施流程管理概念，提升服务支持的能力，提升系统资源的效率，从而降低运行、维护、服务的成本。

从服务管理的内部来看，日常运营维护管理有特定的制度。第一，所有工作人员必须遵守保密协议，严格按照规章制度工作，并且要设置管理员以及用户工作权限。第二，硬件设施如果出现简单故障，管理人员可以自行简单处理；若出现较大问题或出现不能自行解决的故障问题，则需要联系专业运营维护人员并上报。第三，及时完成工作日志，进行问题分析之后将问题归类。因此，健全完善的内部管理制度，也是市民卡实施服务管理的必要条件。

第5章　杭州·市民卡打造数字化的能力

数字化能力是杭州·市民卡在整个发展过程中不断积累下来的、能有效促进自身数字化转型的一种数字能力。杭州·市民卡的运营主体是杭州市金融投资集团有限公司集团旗下的杭州市民卡管理有限公司，因此市民卡的数字化能力也体现为市民卡公司的数字化能力。杭州市民卡管理有限公司是一家服务型国有企业，其数字化能力主要体现在服务和运营两大方面，这也是杭州市民卡管理有限公司的市场竞争优势所在。

5.1　数字服务能力

数字服务能力是指为服务场景以及服务内容提供支撑并赋能的数字化能力。从场景内容来看，杭州·市民卡的服务领域可分为市民卡服务、医疗健康、交通出行、城市生活、文化教育、金融服务、人才服务、优抚公益等，每一类中又包含多个具体应用场景。这些具体的应用场景的落地，需要成体系的、强大的数字能力予以支撑和赋能。本节数字服务能力选取市民日常生活中接触较多的金融科技、文化教育、交通出行三大领域进行阐述，以说明杭州市民卡管理有限公司的数字服务能力。

5.1.1　金融科技领域

杭州·市民卡在金融科技领域的发展已具有一定的规模。杭州市金融投资集团有限公司以杭州市民卡管理有限公司、金投互联网、金投健康、杭州征信（惠民征信）为主，积极主动构建公共服务平台，布局场景、用户和数据。杭州市金融投资集团有限公司建设和运营的杭州多个公共服务平台是发展金融科技的宝贵资源，其场景、用户、数据、应用等已成为构建金融科技平台的重要战略资源。

杭州市民卡管理有限公司已初步构建统一用户、统一账户、统一支付、统一服务的一体化平台。通过"智能卡+移动端"这一载体，杭州·市民卡有效连接丰富的服务场景、用户和数据，并基于大数据能力输出可精准营销的用户资源；以市民卡为核心，整合开发资源的基础，适时引入外部科技力量，构建金融科技平台。金融科技平台整体负责金融科技核心平台的规划、建设、运营维护，金融科技应用开发服务，金融科技场景开发、推进、项目组织等。

在大数据商业化应用方面，杭州·市民卡APP已实现千人千面，对用户进行分流引导，并为B端用户提供APP、微信、短信等多类型精准营销服务。杭州·市民卡大数据团队研发医保数据模型，协助医保局查实医疗机构虚构参保人员医疗费用。

杭州·市民卡打造全面覆盖的线上、线下服务能力，为金融服务提供坚实的服务保障和核心场景，同时在为金融科技场景打造、服务解决方案方面提供差异化竞争优势。除为公共服务提供服务保障外，杭州·市民卡的服务体系可有效应用于普惠金融、商业运营、营销推广等领域，且均有成功案例。随着金投·市民卡数字体验中心的建成，杭州·市民卡的科技化服务能力全面提升。杭州·市民卡基于"生活+金融"的服务场景，已实现和杭州市金融投资集团有限公司内外部金融机构的金融服务合作，包括线上理财业务、线下理财业务、信用小贷业务等。

5.1.2 文化教育领域

在文化教育领域，杭州·市民卡的数字服务能力体现在入校提醒、校园健身、第二课堂、图书馆、普通话报名等五大方面。其中，校园健身和第二课堂的数字综合服务能力更加突出，影响深远。

在校园健身方面，2014 年，杭州启动全民健身进校园项目，杭州市民刷市民卡就可以进学校健身。2020 年，为推进校园健身项目数字化建设、聚焦城市大脑场景建设，杭州·市民卡承担由杭州市体育局牵头开展的人脸识别等数字化入园、校园停车场开放等试点工作。在具体落实中，杭州·市民卡支撑刷脸、刷市民卡、刷二维码多种方式入园，并开展学校线上登记、学校开放时间查询、异常情况消息推送、意见及满意度评价、文明健身专区等相关数字化建设。市民卡大数据分析生成个人健身报表，用户可以查看年度校园健身的总刷卡次数、在杭州的总排名、最常健身的学校等。杭州·市民卡同时联动城市大脑平台实现数据沉淀与分析输出，进一步推动校园健身场地的开放工作落实。如：联动城管进行便捷停车系统对接，实现学校停车场对外开放；志愿者系统对接，为学校提供志愿者平台服务；进行指标库设计，建设智慧考核系统，实现红黑榜、异常预警和考核统计。截至目前，已有 656 所学校室外健身场地向社会开放，范围覆盖整个杭州地区，40 多万人开通杭州·市民卡校园健身功能，累计刷卡健身 506 万人次，获得了较好的社会影响，市民的健身意识有了明显提升。

5.1.3　交通出行领域

交通应用是杭州·市民卡的重点应用之一。2018 年，杭州·市民卡实现主城区、余杭、萧山、富阳、建德、淳安、桐庐实体卡和虚拟卡的公共交通应用领域的拓展。2019 年，杭州·市民卡配合公交集团完成了临安公交一体化，至 2019 年年中，实体卡和杭州通电子卡的公共交通应用领域已经覆盖大杭州地区。杭州·市民卡已实现杭州市公交运营线路、地铁运营线路、水上巴士、公共自行车（小红车）等交通出行方式的全覆盖。实体卡、虚拟卡以及二维码都已成为便于公交出行的主要载体。

为加大智能手机杭州通卡的推进力度，提升便民使用体验，杭州·市民卡积极对接手机厂商，拓展手机杭州通卡业务，利用手机联网的优势，实现互联网充付、移动充付等服务创新，借助交通卡优惠和换乘优惠的政策优势，进一步提升交通智能卡便民、惠民、利民的服务体验，同时丰富杭州通产品线。

同时，杭州·市民卡助力政府工程，配合政府等公共单位推出工作卡、世界环境日纪念卡、城市定向卡、杭州市委宣传部学习强国卡、杭州市总工会工匠卡、教师荣誉卡（码）等专用卡；助力杭州市残疾人联合会，为拥有杭州市智能残疾人证的残疾人加载和开通杭州通优待卡功能，在提升服务的同时增强杭州通智能卡的品牌效应。在抗疫工作中，杭州·市民卡结合"杭州健康码"，及时推出"市民卡乘车码+健康码"的新举措，通过判断用户健康码的状态，生成对应的乘车码，对满足疫情下的交通出行起到了巨大的积极作用。

杭州·市民卡积极推进互联互通应用，扩大移动支付交易规模。2021 年，杭州·市民卡对交通卡系统进行架构重建，统一接口标准，以满足业务发展需要和系统安全性的加固以及省内浙江一卡通变更地区不换卡的便民要求，进一步完善业务风控管理制度及流程，加大系统管控的力度和黑名单管理监控，提升风险管控的力度，以实现公共交通二维码支付风险的交易可控。

5.2 数字运营能力

数字运营能力是指通过数字技术、数字工具，重塑服务环节、降低摩擦、提升用户价值的运营能力，该能力使组织的运营方式更加标准化和精准化。杭州市民卡管理有限公司依托其自身以及杭州市金融投资集团有限公司的数字科技力量，打造出独特的数字运营能力，从而支撑市民卡应用场景落地以及满足体系产品研发的需要。本节以云服务、用户画像、医保大数据平台为对象，具体阐述杭州·市民卡以及杭州市民卡管理有限公司的数字运营能力。

5.2.1 "金投云"服务

云服务指通过网络以按需、易扩展的方式获得所需服务，也是基于互联网的相关服务的增加、使用和交互模式，通常涉及通过互联网来提供动态的、易扩展且经常是虚拟化的资源。在杭州市金融投资集团有限公司"互联网+"战略下，金投数字科技集团（以下简称"金投数科"）以"金投云"云服务的形式，交付了技术先进、灵活高效、安全稳定的云计算基础设施，并提供上云规划、技术咨询、信息安全相关的增值运营服务。目前，金投数科已为包括杭州市民卡管理有限公司在内的杭州市金融投资集团有限公司 7 家子公司、外地城市平台的 60 多套信息系统，提供了多种形式的云计算服务，并通过了国家高等级的信息安全等级保护认证。

金投云服务全面支撑杭州市金融投资集团有限公司各子公司存量和增量应用系统的上云工作，实现云平台"资源共享、系统集成、应用集约、效能放大"的目标。金投数科积极引入混合云、容器、机器学习、分布式系统等新一代技术，满足集团各子公司在金融、消费、办事、医疗等多元化场景下，云上系统持续迭代升级的差异化需求。同时，利用云平台统一、安全、弹性、开放的特性，以杭州城市大脑APP、杭州健康通APP建设为契机，推进与政府部门、商业机构的互联互通，将"金投云"打造成了一个资源共享化、品牌一体化、服务规范化的云计算服务平台。

杭州·市民卡将云计算和大数据服务融入"金投云"云计算服务平台，通过建立大中台实现数据整合，保证数据使用和数据根底结构免受潜在威胁，各个业务板块得到有效的技术支撑和数据支撑。从另一方面来看，通过云计算服务，杭州市民卡管理有限公司可以提升市民用户的服务体验，也可以使自身获得更多的市场竞争机会、降低运营成本以及提高战略决策的灵活性。

5.2.2　用户画像

用户画像是与用户相关联的数据的可视化展现，即根据用户的目标、行为和观点的差异，将用户海量的数据标签区分为不同类型，然后在每种类型中抽出典型特征，并赋予姓名、照片等要素，从而形成一个"人物形象"。杭州·市民卡体系的用户画像的核心目标是深度整合目标产品各条业务线数据，搭建统一的数据决策平台，采集和分析出更全面的用户数据以用于业务运营和决策。以用户为核心的大数据分析平台，提供从采集、建模、存储、分析到智能应用的全流程解决方案，应用于用户画像分析、智能运营决策、用户精准推荐等相关业务领域。

杭州·市民卡体系用户画像有其特有的特征和优势。其一，高效性。全面采集前、后端和历史产生的所有数据，打通各系统的数据孤岛。及时采集相关数据并根据相关策略及时应用于相关运营和决策场景中。其二，安全性。系统采用私有化部署，提高系统安全性，全方面保护企业数据。同时，技术团队拥有丰富的运营维护经验，为数据业务的长期发展保驾护航。其三，智能性。基于用户基础数据、行为数据和业务数据的全流程分析，实现对用户"千人千面"的个性化内容推荐，提升用户体验。其四，便捷性。多维可视化数据分析能力让工程师从繁杂的重复性操作中解放出来。同时可配置的算法逻辑和直观可见的分析结果极大地提高了产品运营团队的决策效率。

用户画像可以使产品的服务对象更加聚焦、更加专注，也可以提高决策效率。通过用户画像，市民卡可以勾画目标用户、联系用户诉求，及时了解需求变化并定位用户需求，从而实现市民卡体系产品设计方向的精准定位。

5.2.3 医保大数据平台

医保大数据一般包含参保人的个人信息（参保人的自然属性信息、家庭属性信息、社会属性信息等），医保基金的运行管理数据（基金运行情况、定点医疗机构的基金使用情况，以及地区间的各种制度差异等），病人接受医疗服务的数据（病人的疾病情况、临床治疗情况、费用明细等）。这些数据可以合理分配医疗服务的供给、研究医疗资源的分布，以及研究医疗服务的行为。而医保作为社保的重要组成部分，自然成为杭州·市民卡的重点关注领域之一。

杭州·市民卡服务体系的医保大数据分析平台，聚焦医保改革重点领域，依托"金投云"基础设施，运用机器学习、深度学习等大数据分析技术，通过对杭州市参保人员的电子病历、医药处方、诊疗住院、社保基金等海量医保大数据资源的合法、合规分析和挖掘，实现对杭州市医疗服务中的欺诈、骗保等违规行为的精准识别，对定点医疗机构、定点药店、经办机构、参保人员等相关方的全面监管，以及对医保基金运行趋势、收支平衡的全视角掌控，为政府制定医保相关政策、服务社会民生、促进医疗资源优化配置等提供重要的大数据支撑。

医保大数据平台具有两大核心功能。其一，骗保识别。通过对医保基金运行趋势预测、费用消耗归因分析、全维度异动检测等智能引擎，实现医保基金运行的全视角掌控，解决医保面临的基金收支平衡压力增大的问题，支撑政府医保相关政策制度的制定和调整。其二，智能监管。通过机器学习、深度学习等算法，在海量医保数据中挖掘可疑行为，精准识别隐藏的欺诈、骗保等违规问题，精确定位异常场景，实现对医疗机构、药店、参保人员等主体"事前提醒、事中控制、事后处置"的全过程监控。

第6章 杭州·市民卡赋能经典应用场景

　　数字应用场景最突出的作用在于助力杭州·市民卡生态建设的完善，使得市民、数字信息、应用场景三者有机融合。在应用场景中，智慧交通、智慧医疗、智慧文旅、智慧社区（未来社区）等智慧场景重点建设方向，能够集中体现市民的公共服务需求。这些应用场景建设中所涉及的具体项目包括政府政策直达项目、便民应用项目、金融支付以及其他综合性的场景建设（如未来社区），杭州·市民卡在建（参与建设）或已完成的人才码、钱江分、一卡通、舒心就医、健康码、惠民金服等杭州·市民卡具体场景项目已经在提高城市数字治理效率、提高公共服务水平方面初具成效，使得城市生活更便捷、更高效、更有序、更有温度。

6.1 政策直达

6.1.1 人才码

1. 建设背景

为深入贯彻习近平在浙江、在杭州考察时的重要讲话精神，加快建设智慧城市，推进人才工作数字化转型，2020 年 5 月 14 日，杭州领跑全国推出"人才码"，为高层次人才提供全科服务、专享服务、双创服务、生活服务、区县特色等 5 大类 27 小类共百余项人才专项服务，使人才"一码走遍杭城、一码畅享服务"成为现实。"杭州人才码"推动了人才工作资源归集和流程重构，实现高层次人才"一人一码"多场景同码应用，实现人才政策"一键兑现"、人才办事"一站入口"、人才双创"一帮到底"、人才服务"一码供给"。

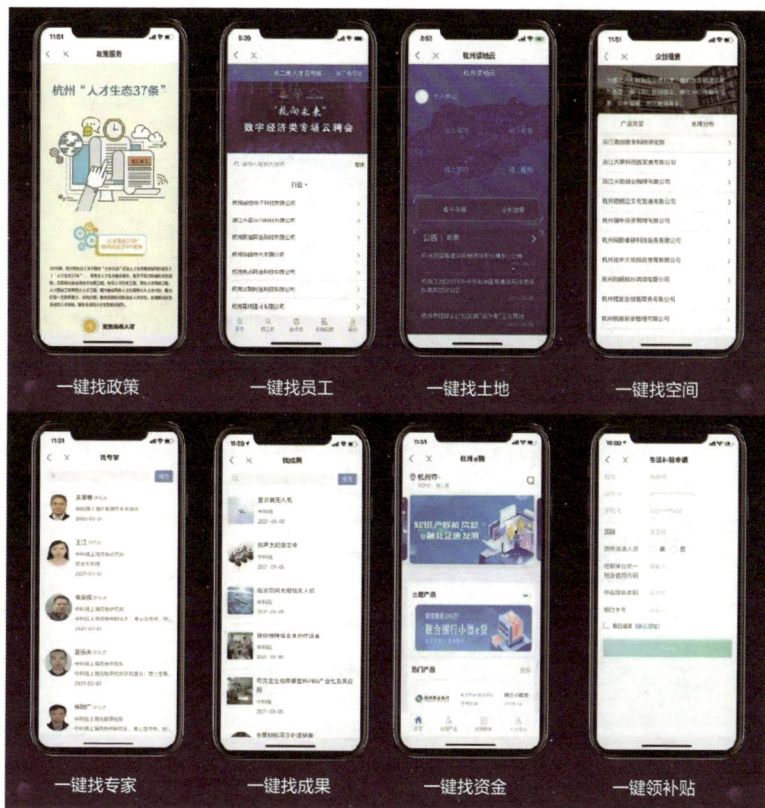

| 一键找政策 | 一键找员工 | 一键找土地 | 一键找空间 |
| 一键找专家 | 一键找成果 | 一键找资金 | 一键领补贴 |

"杭州人才码"依托杭州现有智慧城市建设的成果，以及各类线上公共服务事项和现有功能，以"最新""最准""最全"的定位，统筹整合双创，支持人才落户、购房购车、医疗健康、子女教育等服务项目，开发"杭州人才码"多场景应用平台，在更大范围、更宽领域推动人才工作数字化转型。

2. 建设内容

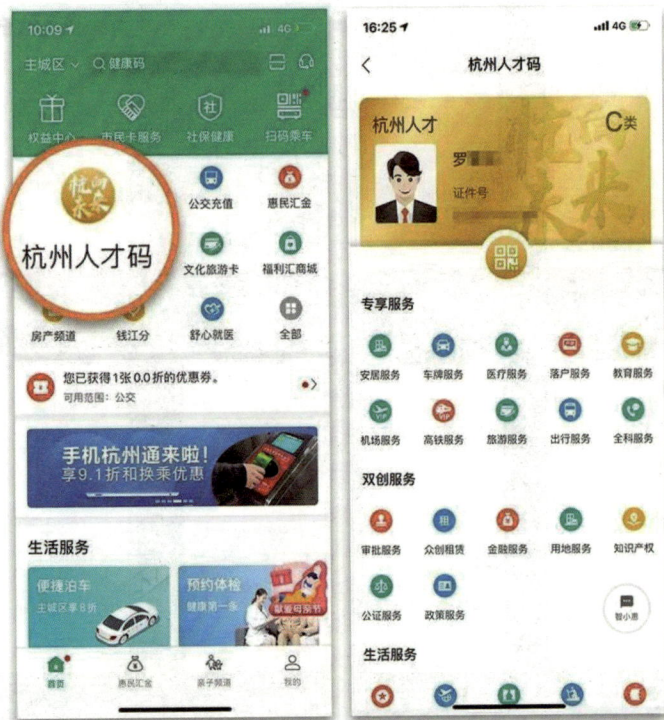

　　杭州人才码是利用互联网思维和大数据手段赋能人才工作的有益探索。杭州人才码平台基于杭州现有的智慧城市建设成果，为杭州市经认定的A~E类高层次人才，提供全科服务、专享服务、双创服务、生活服务、区县服务等5大类27小类共百余项人才专属服务。目前，杭州人才码已经连续推出三期，包括首期针对A~E类杭州高层次人才的人才码、针对应届毕业生的青荷码以及第三期针对外籍人才的国际人才码，并根据不同人才推出特色服务。

面向高层次人才，实现人才服务"一码供给"，上线全科服务、专享服务、双创服务、生活服务、区县服务等 30 余项服务。

面向杭州青年人才，提供"一码在手，双创无忧"整体服务，包括政策兑现、政策办理、大创一件事在内的、关于青年人才初入杭的相关事务办理。

针对国际人才需求，提供政策咨询、办事服务、生活服务、创新创业服务等的一站式服务，汇集国际人才来华证件办理、医疗保健、子女教育、金融保险、创新创业、生活服务、社交活动等，实现国际人才在杭服务的全场景覆盖。

面向非杭的全球人才，提供认定在线咨询、在线申报、人才服务在线办理、人才活动在线报名等全生命周期服务。

从整体上看，推出"杭州人才码"是杭州市"战疫引才、杭向未来"八项举措的重要内容，是加快人才工作数字化转型，推动人才服务事项和服务资源归集，实现人才服务"一码供给"、人才办事"一站入口"、人才双创"一帮到底"建设的重要举措，为杭州数字赋能人才工作做出了开发性实践和关键性探索。

3. 建设效益

杭州人才码是全面完善人才政策、提升人才服务、优化人才生态的创新举措，是运用大数据、云计算、人工智能等前沿技术，整合社会资源为招才引才、爱才用才提供全方位、全链条、全周期的数字化系统解决方案。

杭州人才码平台根据杭州人才申报数据，建立杭州人才数据库，统一管理杭州人才各项数据，并通过数据分析，提供杭州人才码平台内相关用户数据，以及功能访问、使用数据接口，以供数据分析平台、相关福利政策兑现支付平台等使用。通过对平台内用户信息进行管理，包括高层次人才各项信息、青年人才统计数据、外籍人才各项统计数据等，实现全方位、全链条、全周期的数字化系统人才服务。

杭州人才码的进一步开发和完善，使得杭州市人才的实际政策福利兑现的比例得到进一步提高，杭州市人才政策的普及以及在全国的影响力将进一步提升，对杭州市进一步发展人才引进计划有着深刻的影响。人才通过人才码平台，可以深入全面了解杭州的人才政策，尤其是创业相关政策，对于人才在杭州的创业，也能起到较好的促进作用，这对于杭州的经济发展有较为深远的影响。数据显示，杭州人才码已经有超过 71 万人领码，累计服务超 574 万人次，共有 6.28 万人才，在码上兑现 18 亿元补贴。

6.1.2　智慧助残

1. 建设背景

习近平在浙江考察时指出，浙江要努力成为新时代全面展示中国特色社会主义制度优越性的重要窗口，其中也包含要成为无障碍环境建设的"重要窗口",以关爱老年人和残疾人的实际行动来体现社会主义大家庭的温暖。同时他指出,全面建成小康社会,残疾人一个也不能少。杭州是全国唯一一个连续13年荣获"中国最具幸福感城市"称号的城市。幸福城市必须覆盖老年人、残疾人,只有最需要政府和社会关注、帮助的特殊群体能真正有幸福感,幸福示范标杆城市才能实至名归。

随着社会治理体系和社会治理能力现代化的新要求提出,以及残疾人美好生活需求的日益增长,杭州市残疾人联合会现有的信息化实现手段和技术已经无法满足残疾人的需求。杭州市"有爱无碍"智慧助残数字化服务平台(以下简称"智慧助残")为杭州市残疾人提供智慧化服务,平台依托"城市大脑"应用场景建设经验,运用大数据、云计算、人工智能等前沿技术创新残疾人事业发展体制机制,构建数智赋能的残疾人全生命周期助残服务体系。平台建设或完善面向残疾人和政府的4大应用平台与16个子系统,推进"杭州信息无障碍体系残疾人样板"建设,打造助残服务体系与能力的现代化。平台同时接入至少6项助残社会服务,实现社会助残资源优化配置,避免重复建设,减少开发成本,提高工作效率。

2. 建设内容

"智慧助残"分为无障碍公众服务平台、无障碍社会化服务资源平台、数字化无障碍政务管理平台、数据应用平台四大平台。这里主要选取无障碍公众服务平台和数字化无障碍政务管理平台两大平台作为介绍对象。

（1）无障碍公众服务平台

无障碍公众服务平台是面向残疾人及其家属的综合性统一服务平台，通过移动端、电视端和自助端多入口形式，为残疾人提供无障碍服务、政务公共服务、机构公益服务、社会便利服务等各项服务。同时，该平台提供第三方接入能力，保证残疾人在线服务应用的延续性和拓展性。

以电子残疾证关爱码系统为例。"助残关爱码"即电子残疾人证，是基于第三代残疾人证，运用二维码技术实现的残疾人电子身份信息的唯一专属码。通过统筹整合残疾人服务项目，不断拓展助残关爱码在公共服务领域和残疾人生活领域的应用场景，逐步实现残疾人"一人一码"多场景应用，解决残疾人忘带证或卡的问题，为残疾人提供更加智慧化的服务。该系统积极拓展关爱码的应用场景，通过与公交、地铁、杭州市民卡管理有限公司和西湖风景名胜区等相关单位协同，拟实现刷关爱码在全市范围内免费乘坐公交地铁，实现刷关爱码畅游西湖风景名胜区、西溪湿地等针对残疾人免费的景点，实现刷关爱码进行残疾人活动、培训等签到打卡等功能。

（2）数字化无障碍政务管理平台

数字化无障碍政务管理平台是针对残疾人联合会工作人员为残疾人进行业务办理的平台系统，结合城市大脑的相关要求，在原有项目基础上进行拓展，构建城市无障碍服务管理系统，全面提升杭州市残疾人事业发展水平。

以全生命周期政务协同系统为例。一是对于新生儿要建立残疾信息监测系统：建立出生缺陷及残疾儿童信息系统，该系统具备新生儿及残疾儿童信息登记功能，需将该系统数据进行数据融合；建立出生缺陷及残疾预防知识库，含残疾预防、残疾加重预防、残疾级别上升预防等知识，该知识库向残疾人、社会开放查询；采集卫生健康委员会的病例数据，分析和挖掘残疾人历史病例数据，通过大数据技术避免残疾。

二是对于残疾青少年要建立残疾人教育分析系统。该系统依托城市大脑"中枢系统"对接教育局学籍数据，分析残疾人教育情况，找出无法上学的原因，创新残疾人终身学习的服务机制，建立"云送教"平台，推出菜单式教学内容，大力发展残疾人素质培训、职业技能培训，建设集中培训、在岗培训、网络培训三位一体继续教育平台。推动各类学习资源开放共享，扩大优质特殊教育资源覆盖面，完善终身教育体系和学习体系。

三是对于成年人要建立就业保障系统。该系统依托大数据、云计算等互联网技术，构建残疾人和用人单位之间的就业信息共享机制，整合、细化各类求职、招聘、培训、政策信息资源，实现人岗匹配智能化。简化用人单位安置残疾人职工的申报流程，实现一键申报，自动审核，实时减免相关税费，安置奖励及补贴秒到账，提高用人单位安置残疾人职工的积极性。推进残疾人求职信息与省内其他地市互联互通，并逐步纳入长三角全国信息共享，为促进残疾人就业提供更全面、更有力的数据支撑。实施"电商添翼"项目，鼓励残疾人创业实践。

四是对于老年人要建立身后一件事系统。通过打造残疾人证注销闭环系统，构建一键注销、数据共享管理体系，对接民政身后一件事系统，以残疾人证死亡注销为抓手，同步政策终止、户籍注销、补贴停发等一系列操作，保证政策落实精准，反映残疾人用户全貌，避免多发、错发、财政资金浪费等情况。

3.建设效益

"智慧助残"的目标在于提升杭州市残疾人联合会系统信息化水平，建成具有现代化特征的残疾人社会保障制度和基本公共服务体系，实现全域实时筛查和预防残疾，全域精准扶持残疾人教育、就业、康复和托养，全域一体化落实残疾人社会保障、福利和助残公共服务，全域全景呈现"残疾人事业数字驾驶舱"和"杭州无障碍环境数字驾驶舱"，切实提升残疾人的获得感、幸福感、安全感，提高政府工作绩效。

一是惠及群体面广，服务人数多。"智慧助残"覆盖政府层面、残疾人层面、服务商户或企业层面，以及部分老、弱、病、孕等弱势群体对象。

二是加强数据融合，提升行政效率。"智慧助残"平台通过政府部门信息资源的整合，引入数字引擎，将原有线下业务线上化，通过对接城市大脑，实现与各部门的数据共享交换，为基层助残服务工作提供更优化、更智能、更规范的数字支撑平台。同时通过智能化管理手段，加强残疾人联合会对各业务系统和垂直单位的管理，提高政府绩效。平台还将残疾人联合会部门内部数据输送至城市大脑，增加城市大脑民生领域的数据。

三是整合社会资源，提升残疾人幸福感。"智慧助残"平台的建设有效解决了残疾人在补贴申请、辅具报销、政策查询、就业申请、无碍出行等各涉残事项中遇到的问题，提升残疾人办事的便捷度，增加残疾人了解信息的渠道，提高无障碍服务水平。同时有效整合分散的社会助残服务资源，将残疾人、企业、政府联系起来，实现助残需求与企业对接，政府职能监管与规范机构运营对接，形成连接残疾人、企业和政府的信息通道。

"智慧助残"项目积极回应残疾人最直接、最现实、最关心的实际需求，为残疾人提供一站式"智慧助残"服务，实现残疾人出行无障碍、信息无障碍、生活无障碍，实现残疾人服务"一键办事""一站入口""一帮到底"，最终提升残疾人的满意度和幸福感。

6.1.3 智慧养老

1.建设背景

智慧养老是面向居家老人、社区及养老机构的传感网系统与信息平台，并在此基础上为社会提供实时、快捷、高效、互联化、智能化的一种新型养老服务。民政部要求各省（区市）民政部门开展"互联网＋养老"典型应用服务，要求推动互联网与养老服务深度融合，构建线上线下相结合、多主体参与、资源共享、公平普惠的互联网养老服务供给体系。随着杭州市养老服务体系信息化应用深入，围绕杭州城市数据大脑、浙江省政务"最多跑一次"的理念和目标以及"政府提效、服务提质"的要求，杭州市民政局力争在智慧养老领域树立行业标杆。

2015 年原杭州市下城区作为杭州市的助老项目试点，原杭州市下城区民政局与杭州市民卡管理有限公司共同打造"智慧养老"服务体系，实现针对享受政府资助老年人的居家养老补贴发放及定向消费。随着杭州市养老服务的理念和需求的不断提升，现有系统功能不能满足业务需要，包含原民政局的智慧养老综合管理系统和杭州·市民卡在 2015 年建设的老年账户体系已经不能满足业务需要。

2019 年"智慧养老"项目完成初期开发，向民政部门提供各区开通的集团子账户，由各区每月先向杭州·市民卡打款，杭州·市民卡收到款项后向老人充值，老人消费后，商户凭支付结算单每月结算打款的全套服务。试用版上线后，由于民政政策调整，原商定的结算模式，需要调整为先消费，记账后民政部门安排打款，杭州·市民卡与商户结算，且原充值余额需要退回各区民政部门。

2. 建设内容

智慧养老依托杭州·市民卡，推动全市养老服务统一支付结算，将互联网引入养老服务各领域各环节，打通供需壁垒，链接更多资源，提升服务效能，打造"互联网+养老"新模式，为全省养老服务做出积极贡献和试点示范作用。杭州市"互联网+养老"服务平台项目建设分为业务管理平台、公众服务平台、支付结算平台、机构运营平台、数据应用平台 5 个。

3. 建设效益

2015 年，国务院印发《关于积极推进"互联网+"行动的指导意见》，提出"促进智慧健康养老产业发展"的目标。2019 年 4 月，国务院发布《关于推进养老服务发展的意见》，明确提出要"实施'互联网+养老'行动"。基于国家层面对智慧健康养老的看重，杭州·市民卡的"智慧养老"项目将传统养老服务与互联网思维、人工智能等技术深度融合，使得各方面的养老资源得到优化配置，带来更多的社会效益。

一是提升养老服务质量。由于进入老年期的老年人对养老服务品质需求呈现多层次、多样化的特征，养老服务标准化、专业化、个性化的要求越来越高。"互联网+养老"服务模式的出现能够吸引更多的社会力量参与养老服务，有利于形成全社会共同参与的养老服务格局，提高养老服务的质量和效率。另外，互联网应用的适老化改造，成为推动养老服务提质扩容的重要抓手，"智慧养老"项目所建立的相应服务平台，在满足养老需求的基础上让养老服务内容更加全面适合，大大提升了老年人的幸福感和归属感。

二是推动老龄化社会治理现代化。根据国家统计局发布的最新数据，截至 2021 年末，我国 60 岁及以上人口为 26736 万人，占全国人口的 18.9%，其中 65 岁及以上人口为 20056 万人，占全国人口的 14.2%。[1] 根据杭州市统计局发布的数据，2021 年末全市常住人口中，60 岁及以上的人口为 211.1 万人，占总人口的 17.3%，其中 65 岁及以上人口为 151.3 万人，占总人口的 12.4%。[2] 随着人口

1　数据来源：中华人民共和国 2021 年国民经济和社会发展统计公报。

2　数据来源：2021 年杭州市人口主要数据公报。

老龄化形势加剧，养老服务市场正成为新兴市场，"互联网+养老"的服务模式能够实现分散养老资源的精准高效供给，有助于降低老龄社会治理成本、推动老龄化社会治理体系和治理能力现代化。

2021年末全国人口数及其年龄构成（国家统计局）如下。

指标	年末数（万人）	比重（%）
全国人口	141260	100.0
0~15岁（含不满16周岁）	26302	18.6
16~59岁（含不满60周岁）	88222	62.5
60岁及以上	26736	18.9
其中：65岁及以上	20056	14.2

2021年末杭州市常住人口数及其年龄构成（杭州市统计局）如下。

指标	年末数（万人）	比重（%）
全市常住人口	1220.4	100.0
0~14岁	158.2	13.0
15~59岁	851.1	69.7
60岁及以上	211.1	17.3
其中：65岁及以上	151.3	12.4

三是减轻政府负担。智慧养老增加了社会企业同政府机构的业务关联，为政府购买服务提供各项技术与运营支持，实现政企合作。

6.2　便民应用

6.2.1　钱江分

1.建设背景

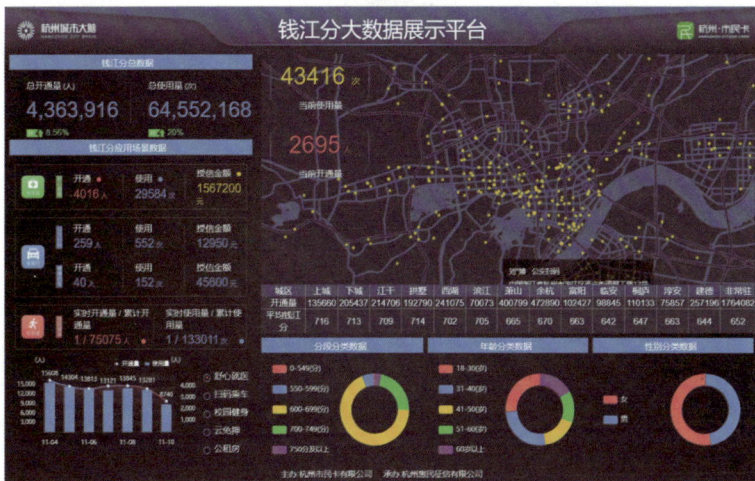

2018 年 11 月，杭州市发展与改革委员会牵头，杭州市民卡管理有限公司联合启动建设杭州城市个人诚信分"钱江分"，助力信用杭州建设。在杭州工作或生活且年满 18 周岁的市民，无论户籍归属何地，都可以申请授权开通自己的钱江分。钱江分以"引导市民诚信向善、弘扬社会主义核心价值观"为设计初衷，依托浙江省公共信用信息平台、杭州市公共信用信息平台、杭州政务数据资源共享平台及杭州·市民卡运营 10 余年积累的用户数据，在获得用户授权后，通过采集政务、经济、司法、生活、公益等各领域城市信用变量特征数据，经过科学的统计综合评价模型计算得出用户的信用分，真实反映市民在城市生活中全方位的用信情况。钱江分的总分为 1000 分。

钱江分主要从基本信息、遵纪守法、生活用信、商业用信、亲社会行为五个维度，对在杭州工作或生活且年满 18 周岁的市民进行信用评价，目前已广泛应用于医疗卫生、交通出行、住房租赁、旅游生活、商业购物等公共服务领域。其中：基本信息（身份特质）主要反映个人在社会秩序与结构中的特点标志，包含个人户口、学历、就业及社保公积金等情况；遵纪守法主要反映公民履行应尽义务、遵守公序良俗的情况，包含公检法信息及纳税信息；商业用信主要反映个人在日常生活、购物等活动中的履约情况，包含求职招聘、履行合约、金融信贷等领域的用信行为；生活用信主要是个人在各项社会公共服务及社会活动中的用信行为，如公共事业缴费等；亲社会行为，也可称为城市贡献，主要体现个人在城市生活以及社会交往中的合作互助、共享奉献等利社会行为。

2. 建设内容

钱江分应用聚焦民生领域、公共服务领域和基层治理领域，市民可在杭州·市民卡 APP 和微信公众号、信用杭州 APP、杭州办事服务 APP、华数 4K 终端、钱江分小程序和微信公众号等渠道开通查询钱江分。

（1）信易医

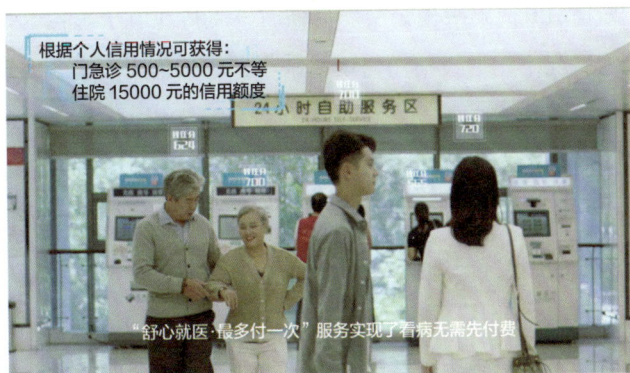

根据个人信用情况可获得：
门急诊 500~5000 元不等
住院 15000 元的信用额度

24 小时自助服务区

"舒心就医·最多付一次"服务实现了看病无需先付费

信易医主要是指舒心就医·最多付一次。杭州市级医保参保居民根据钱江分可获得一定的信用就医额度。在该信用额度内，看病无需先付费（含住院预缴金），个人支付费用先行记账并扣减相应信用额度，通过自助机、手机等方式待全部就诊结束离院时或 48 小时内（就诊结束次日零时起计算）一次性完成支付。舒心就医项目实施以来，实现患者就诊时间平均缩短 2 小时。

（2）信易行

钱江分 573

乘坐地铁、公交时可以先乘车后付费

一是扫码乘车信用付。钱江分达到 573 分的用户，在使用杭州·市民卡 APP 扫码乘坐公交、地铁时，支持在电子虚拟卡账户余额不足的情况下，通过信用付快速乘车，代扣信用额度，实现"先乘车后付费"。

二是便捷泊车·先离场后付费。用户根据钱江分可获得一定的信用停车额度，用户在贴心城管 APP 开通"无感停车"功能，钱江分高于 580 的用户可开通信用账户、享受信用支付，实现停车"先离场后付费"。

三是曹操专车信用权益。对于分数高于 550 分的用户，可在杭州·市民卡 APP 享受曹操专车优质服务，包括全天候打车 9 折优惠、附近车辆优先响应、星级司机的特权服务。

（3）信易租

可享受最高 10000 元的办公设备免押额度

一是办公设备租赁免押金。面向创业园区小微企业提供办公设备租赁免押金服务，企业法人代表钱江分达到门槛值的创业人群，可享受免押金 800~1000 元/台，最高可免押 10000 元。

任一成员钱江分达到 700 分的

二是公租房押金减免。新配租或续租的公租房保障家庭中任一成员的钱江分达到 700 分的，可在杭州市各公共租赁房租赁服务窗口申请押金减半优惠。

（4）信易游

信易游主要是指杭州区县景区及周边设施优惠。钱江分"信用码"为蓝码、绿码的用户可通过线下亮码享受余杭、萧山、临安、富阳、建德、淳安、桐庐等区县 23 个景区门票、24 家酒店及民宿、6 家餐饮店和 5 个停车场折扣或免费，共 73 项优惠措施。

（5）信易健

钱江分高于 580 的市民可免去社区登记 3~5 个工作日的审核周期

信易健主要是校园健身免审核。市民申请校园健身时，钱江分达到一定的门槛，即可免去校园健身申请3~5个工作日的审核周期，可在杭州市民卡APP中的校园健身服务中，当天申请，次日即可刷卡进入校园健身。

（6）信易阅

信易阅主要是指免押办理图书馆电子借阅证。对于钱江分达到573的非市民卡用户（市民卡用户无需押金），在杭州办事服务APP办理图书电子借阅证办理业务时，无需支付100元押金。

（7）信易友

信易友主要是指婚恋交友信用名片。钱江分"诚信交友"信用名片服务，以实名制和钱江分为基础，致力于为杭州市民打造有保障的杭州本地相亲交友平台。在注册用户自主完成认证授权后，将根据用户认证需求和隐私设置，对用户进行身份信息、学历水平、婚姻状况、工作情况等多维度信息认证，并显示认证标识，以此杜绝婚托、中介。

（8）信易养

一是信用养老。老人通过杭州·市民卡APP的养老服务，在预约服务时可查看助老机构服务人员的钱江分，根据评价等级自主选择服务人员，为老人提供安全放心的上门服务。同时，各级民政部门对参与投标的社会助老服务机构，可将法人代表钱江分纳入定标及考核依据。

二是时间银行。时间银行是指志愿者将参与公益服务的时间存进时间银行，当自己需要时，可以从中支取"被服务时间"。在杭州·市民卡APP钱江分入口设有时间银行养老志愿服务专栏，志愿者点击查询即可看到自己的志愿服务时长；同时这一行为也会纳入杭州市个人信用分——钱江分的亲社会行为部分，按累计服务时长可适度提升钱江分分值。时间银行旨在建立以时间币为核心的服务兑换和激励机制，针对为老年人尤其是高龄、失能、失智、独居、失独、空巢老人提供精准优良的志愿服务，志愿者赚取时间币后可兑换所需的服务、商品，例如小区亲情车位停车券、理发卡、纸巾等，也可兑换用于志愿者本人或直系亲属的助老服务。

（9）信用勋章

钱江分模型中的"亲社会行为"维度与社会公益、正能量行为息息相关，其具象体现在钱江分的勋章体系。目前，勋章体系包括"爱心使者""文体达人"及"低碳行者"三大勋章，分别对应市民献血与志愿者服务、图书借阅和校园健身，以及乘坐公交地铁出行等社会正能量行为。钱江分及其勋章体系作为社会基层治理的有效工具，还将通过新增"环保大使""环保社区"勋章体系，与垃圾分类这一文明行为相结合，实现文明环保与个人诚信的良性互动。此外，面向疫情防控期间的一线医护人员、基层社区志愿者等群体，推出"战疫英雄""守护天使"等勋章。诚信勋章体系的可扩展性强，还可根据不同行业、不同地域信用治理需要，设置不同的领取规则和专项应用场景。

（10）信用园区

钱江分与杭州湾信息港小镇、浙西跨境电商产业园达成信用示范园区合作，为法定代表人钱江分达到 650 的入驻企业提供创新券额度提升、会议室租赁折扣、媒体优先宣传、入驻租金减免、优先申请园区宿舍等优惠服务；入驻企业员工钱江分达到一定的要求，也可以在信息港小镇享受书店、健身等商配优惠，微巴士代金券，流动车位优惠，免费报名培训等信用优惠服务。

（11）浙江省个人"信用码"试点

在浙江省政府数字化转型框架下，结合"健康码"的成功经验，杭州作为浙江省个人"信用码"试点城市之一，于2020年4月30日联合衢州率先推出好用易懂、全省通行的个人"信用码"，推动其在公共服务、便民生活等领域广泛应用，实现"一码在手、便利我有"。杭州市民可通过杭州·市民卡APP、钱江分微信小程序授权后，查询展示本人的"信用码"。"信用码"根据钱江分等级和个人公共信用记录设置"蓝、绿、黄"三个等级，依次代表信用状况优秀、良好、待提高。目前，蓝码、绿码可享受信用激励优惠政策；黄码暂不享受信用激励优惠政策，提信用分升级成绿码后可享受。杭州、衢州两地已实现个人"信用码"应用场景互通，蓝码、绿码的用户可在杭州、衢州两市全域范围内享受多个景点、酒店、餐饮、停车优惠。

（12）城市信用分互认互通

基于跨区域信用联动机制的探索，钱江分项目团队与南京、武汉、郑州、苏州等多个城市建立个人守信联合激励城市合作机制，参与浙江省"个人信用码"试点，实现与衢州信用场景互通以及与厦门"白鹭分"、宁波"天一分"信用分互认，基于互认互通平台的分数换算机制，三地市民可跨城市享受信用应用场景的守信福利，实现城市信用共享、守信联合激励。

未来，钱江分将继续深挖信用+应用场景，探索应用区块链、联邦建模等前沿数据科技，助力杭州普惠金融生态发展，进一步深化信用在行政、市场、社会等重要领域的应用，让更多的市民可以全方位感受到信用带来的价值和便利。

3. 建设效益

钱江分是杭州推进城市个人诚信建设、打造信用城市的重要步骤，也是直观展现市民诚实守信情况的有效载体。"钱江分"制度不仅为本市居民打开了一幅信用生活的美好图景，也为其他城市和地区乃至全社会提供了信用建设应用的创新启示。"钱江分"的意义不止在于给每个市民贴上了不同的信用标签，更在于它打通了从采集到评分再到应用的信用通道，契合了"失信惩戒、守信激励"的信用建设准则。

截至2021年底，平台上线舒心就医"最多付一次"、校园健身免审核、公交地铁扫码乘车信用付、公租房押金减免、便捷泊车先离场后付费、曹操专车信用权益、诚信交友、信用养老时间银行、信用示范园区等30项"信易+"应用场景，开通用户达453.22万人，累计查询使用6917.52万人次。

截至2021年底，钱江分已有超453万人授权开通，近6918万人次查询使用，已上线应用场景40项，涉及医疗卫生、交通出行、住房租赁、旅游生活、商业购物等公共服务及便民生活领域，创新了"信用+互联网+场景"的惠民应用模式，累计优惠额度超过11.90亿元，节省了大量的社会资源和交易成本。

6.2.2 舒心就医

1. 建设背景

2013 年，在杭州市卫生健康委员会（现为杭州市卫生和计划生育委员会）具体指导下，金投健康（现为"杭州市民卡管理有限公司"下设部门）启动建设"杭州市智慧医疗系统"，相继实现诊间结算、预约挂号、医养护一体化、电子健康卡、电子社保卡、智慧药房、刷脸就医、家庭医生、互联网诊疗等功能。截至 2021 年底，"智慧医疗"服务省区市三级医疗机构 437 家，投放自助机等各类终端 800 余台，实现杭州市域公立医院全覆盖。2016 年 10 月，金投健康以数据为基础，以信用为保障，推出先诊疗后付费的"医信付"，入选"2016 年杭州市精神文明建设十件大事"、"2017 年杭州市政府为民办实事项目"。2019 年 6 月，"医信付"升级为"舒心就医"平台，实现看病就医最多付一次功能。截至 2021 年底，"舒心就医"服务在市级、区（县）级医疗机构共 311 家。

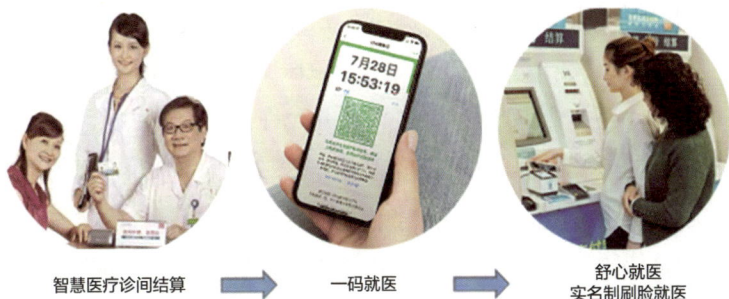

智慧医疗诊间结算 ➡ 一码就医 ➡ 舒心就医 实名制刷脸就医

舒心就医是贯彻落实"互联网+医疗健康"和社会信用体系建设的要求,深化医疗卫生服务领域"最多跑一次"改革的重要举措。"舒心就医"服务(即"先看病后付费"服务)是杭州市医疗公共服务,杭州市级医保参保人员(以下简称"参保人员")在"钱江分"的授信额度内,实现诊后一次性支付,打造全新就医模式,提高医院服务效率,让群众就医更舒心。参保人员在杭州市医疗机构就诊时,在授信额度内取消所有(含住院预缴金)付费手续,直接进行检查、化验、取药、治疗或住院,系统自动进行医保各类基(资)金部分费用结算,个人支付费用先行记账,就诊结束后48小时内(就诊结束次日零时起计算)一次性支付,实现"最多付一次",就医更舒心。

2. 建设内容

舒心就医业务功能包括以下五项。

一是服务开通。成人市民可通过院内自助机、杭州健康通APP、杭州·市民卡APP、杭州城市大脑APP方式确认开通舒心就医服务,服务开通后享受舒心就医服务的便利。参加少儿医保及子女统筹人员必须关联亲属的舒心就医服务才能开通,并使用其关联亲属的授信额度，由关联的亲属承担按时付费、失信惩戒等义务。

二是授权授信。市民在开通舒心就医服务的同时，视作自动开通钱江分（不包含少儿参保市民），并允许杭州市公共信用信息平台将掌握的涉及当事人的信用信息用于"钱江分"评价。舒心就医平台根据每个市民的钱江分赋予相应的授信额度。

三是费用支付。市民就诊时个人费用部分先行记账并扣减相应的信用额度，待全部就诊结束后48小时内或出院时通过院内自助机、杭州健康通APP、杭州·市民卡APP、杭州城市大脑APP等一次性付清个人支付费用。成人市民可通过手机APP绑定亲属从而实现代付亲属费用的功能。

对当天未主动付费的市民，舒心就医平台每天定时进行批量处理，通过市民卡账户或绑定的支付宝、银联等渠道进行批量代扣从而完成付费。如代扣不成功，则通过短信、消息推送等多种方式提醒市民及时完成主动支付。

四是欠费提醒。市民应向舒心就医平台提供手机号码等联系方式，并确保预留的手机号码准确、畅通。

超出48小时（就诊结束次日零时起计算）未付费的市民，在开通舒心就医服务的任何一家医疗机构就诊时，医疗机构均须在其挂号、取号时提醒支付所有舒心就医未支付的费用。舒心就医平台有义务对超出48小时（就诊结束次日零时起计算）未付费的逾期行为，根据预留的手机号码进行相应的短信通知、消息推送、人工电话告知等多种方式提醒和催缴服务。

五是服务关闭。市民可通过自助机、手机等方式关闭舒心就医服务，但须先付清欠费。对于超出48小时未付费的，将暂停舒心就医服务；对超过1个月仍未付费的市民，将其纳入失信人员名单并暂停市医保实时结算功能。成人市民的舒心就医服务被关闭后，其关联的少儿参保市民舒心就医服务也同时被关闭。

3. 建设效益

舒心就医系统是在原杭州智慧医疗项目的基础上，深化医疗卫生服务领域"最多跑一次"的改革，为城市信用分良好的用户提供先看病后付费服务的互联网服务平台。系统覆盖院内的诊间、窗口、自助终端，院外互联网端APP、微信公众号等多场景，为患者提供认证、授信、还款等应用；为医院提供清结算、对账等应用；为监管部门提供监管、数据驾驶舱等应用。

一是优化就医付费过程，提高就医服务效率。在付费方面，用户可以选择绑定支付宝、微信或者市民卡账户进行代扣付费，也可以通过自助机、杭州·市民卡APP、杭州办事APP、健康通APP进行主动还款，不断丰富还款渠道。考虑到老年人对于信息化产品的接受能力比较差，对于自助机、手机等使用都不太熟悉，为方便老年人使用舒心就医服务，推进亲情账户功能，用户可绑定亲属账户进行还款。使用舒心就医服务的用户在每次的就医过程中，省去了多个阶段均须付费的流程，实现了"最多付一次"。舒心就医在全市的推广，大大减少患者在医院缴费排队、充值排队的烦恼，有效提高医疗机构的服务效率。

二是践行社会诚信建设，推进就医服务创新。按照党中央、国务院决策部署，牢固树立和贯彻落实创新、协调、绿色、开放、共享的新发展理念，舒心就医通过建设诚信社会，推动信用就医，通过先看病后付费，解决看病烦、排队长等难题，简化就医流程，优化百姓体验。同时，在杭州市构建"信用杭州"和政府践行"最多跑一次"的大背景下，按照"全覆盖、全服务、全实时"的要求，以及杭州市既有市医保参保人群，也有省医保参保人群和相当多的外地自费就诊患者的现实情况，舒心就医服务面向全人群用户，同时也要考虑向少儿人群、成年人群（含70岁以上老年人）提供服务的可及性。

三是整合全市医疗资源，实现全市模式统一。杭州市全市拥有省级医疗机构、市级医疗机构、区县医疗机构以及社区医疗机构数百家，如果每家模式不同，导致市民在各个医院的体验不一致，影响信用就医使用，通过全市模式统一，实现一次开通、全市同步，真正方便老百姓，同时减少医疗机构相关改造费用支持，节省财政支出。截至2021年底，杭州·市民卡智慧医疗应用已覆盖全市437家医疗卫生机构，活跃开通智慧医疗的市民卡持卡人数达1984万人，自费病人健康卡发行近747万张。

四是推动服务深度融合，线上线下协同服务。推动智慧医疗结算和舒心就医服务的高度结合，符合条件的市民优先享受舒心就医服务，无法享受舒心就医服务的用户可以继续享受智慧医疗服务，使市民能全方位享受信息化、智慧化带来的便捷就医体验。同时，患者可以通过自助机、手机APP等各种线上线下渠道享受舒心就医服务。

因此，舒心就医作为智慧杭州的服务载体和支撑平台之一，结合"诚信杭州"建设，在推进就医服务创新的同时，实现了服务与信用深度融合，对进一步开拓数字化应用场景发挥了代表性的作用。

6.2.3 健康码

1. 建设背景

新型冠状病毒肺炎疫情防控期间，杭州健康码有效助力了疫情防控，但是老人、少儿等无智能手机群体却无法实现健康码的申领和亮码。同时，杭州的医疗、公交等场景已实现扫码就医和扫码乘车，市民使用健康码和场景电子码（电子社保卡、电子健康卡、电子公交卡等）时，需要切换进行验码不够便利。杭州·市民卡体系聚焦疫情防控期间的各类民生问题，充分发挥市民卡大杭州全人群、全市域发放以及多应用场景系统平台的优势，在杭州市政府健康码专班指导下，依托移动互联网平台，快速上线了"杭州·市民卡＋健康码"应用项目，并依托线上线下服务网络，实现应用快速铺开，助力复课、复工、复产和市民安全便捷出行。

"杭州·市民卡＋健康码"应用，助力杭州健康码应用实现大杭州范围全人群覆盖、多场景结合，并实现部分场景的健康服务闭环，获得了市民、政府的高度认可和赞赏，有效助力疫情防控。项目实施期间，杭州·市民卡微信公众号、APP及合作媒体也持续宣传推广，让"杭州·市民卡＋健康码"应用惠利更多的市民。

"杭州·市民卡＋健康码"应用，以杭州·市民卡APP、线下刷卡终端为服务载体，通过调用健康码数据，整合市民卡基础数据库资源及市民卡数字服务系统平台，实现健康码与市民卡服务人群及公共服务场景的快速融合，并得到广泛应用。

2. 建设内容

（1）聚焦弱势群体，关注民生民声

在全国首创推出市民卡赋健康码，实现市民卡、健康码的卡码合一，刷市民卡，即可验健康码，并且支持NFC手机刷卡验码。目前，刷市民卡验码应用已较广泛地覆盖教育机构、医疗机构、公共交通、部分培训机构、街道社区、养老机构等公共场所，较好地解决了老人、少儿的健康码应用问题。

第一，中小学（幼儿园）是健康码应用的重要场景，为保障疫情防控期间学校有序复学，加强校园长效管理，采用在学校已有的联网电脑上安装市民卡刷卡终端设备，学生使用刷市民卡验码的方式，同时辅以手机NFC的验码方式。疫情防控期间，保障了全市2700余所中小学和幼儿园的顺利复学，并为家长提供了"入校提醒"线上服务，家长实时掌握孩子的入校信息，实现对少儿健康入学的闭环管理。

第二，杭州市民卡管理有限公司积极配合杭州市卫健委，快速响应上线医院的刷市民卡验码功能，配合全市 330 家医疗机构（包括医院和社区卫生服务中心）上线刷卡验码，口均刷卡验码达 1 万余人，让老人、少儿进入院区更快捷、更方便。

（2）发挥数据赋能，保障安全出行

一是创新推出市民卡乘车码与健康码自动比对，前置审验新举措，在杭州·市民卡 APP 里上线"乘车码+健康码"，"一码通"让出行更方便。

二是通过杭州通卡实名登记，刷卡乘坐公共交通后，可追溯同乘交通工具排查人员，为疫情防控提供数据支持，以配合疫情防控相关部门的工作。

三是实现了老人、少儿在公交车上刷市民卡验码，红、黄、橙码的乘客上车会显示预警声，及时提醒司机或工作人员。截至 2021 年底，老人、小孩累计刷卡 7000 万余人次。

（3）部门协同合作，助力应用推广

第一，杭州·市民卡 APP 快速研发上线了"健康码一码就医"功能，实现了杭州健康码就医场景的一码通行，打通了市级医保，实现了患者扫"健康码"进行挂号、就诊、缴费以及医保结算等功能。

第二，杭州市民卡管理有限公司积极配合杭州市民政局，进一步落实养老服务机构进出人员健康码核验管理，全市 200 余家养老机构使用市民卡验码功能，有效解决了部分返院老人和探视家属不会使用智能手机验码的难题。

第三，根据市场监管局要求，杭州市民卡管理有限公司配合相关部门在部分农贸市场安装刷卡 POS 机，方便没有智能手机、没有健康码的老年市民凭杭州·市民卡、长者卡刷卡进出市场，并将刷卡数据同步传送至市场监管局，实现了农贸市场入场人员的"可追可溯"。

（4）提供专业服务，提高用户满意度

第一，杭州市民卡管理有限公司积极为中小学（幼儿园）学生快速办理市民卡。杭州市民卡管理有限公司在一周时间内完成2600余所学校（校区）5500余台刷卡设备的配送和安装指导。

第二，疫情防控期间市民卡的服务不间断，自有呼叫中心、远程客服、杭州·市民卡APP、微信公众号、官网等线上服务渠道正常运转，实现线上线下全方位、全人群的服务覆盖，为市民正常使用健康码提供了保障。

3. 建设效益

杭州健康码以服务人民群众健康为根本宗旨，推动覆盖市域全人群、生命全周期、健康全过程、应用全场景，成为城市治理数字化的重要手段和数字赋能"健康杭州"建设的综合性平台，从而实现从疫情防控时的应急管理向平时的常态化运营转变，从疫情防控"晴雨表"向人民健康"防火墙"、社会治理"新动能"转变。

杭州市民卡管理有限公司在健康码项目中充分发挥自身独特优势，在疫情防控期间，在学生复课、市民出行、健康就医等方面做出了突出贡献，妥善解决了老人和少儿无手机、无健康码的问题，为建立健全健康码常态化应用机制做出了较好的实践，获得了杭州市政府和市民的认可，同时对加快杭州智慧城市建设、为全国创造更多可推广的经验，起到了积极作用。健康码成效主要表现在以下两方面。

一是健康码"老少代办、刷卡验码"应用的上线，实现了健康码对杭州全人群的覆盖。截至 2021 年底，中小学（幼儿园）刷卡验码学校共 2096 所，刷卡验码日均达 82 万人次，累计刷卡量达 11397.8 万次。

二是将市民卡服务场景与健康码结合，实现应用场景健康码服务快速上线、稳定保障，目前，刷市民卡验码应用已覆盖所有的学校、医疗机构、公交车、地铁、青少年活动中心、培训机构、宗教场所以及部分小区、养老机构、农贸市场等，推进了健康码常态化应用的发展，也提升了疫情防控期间市民卡服务的便捷性，获得市民和政府的好评与认可。

6.2.4　文旅一码通

1.建设背景

2020 年 8 月，习近平在扎实推进长三角一体化发展座谈会上提出："要探索以社会保障卡为载体建立居民服务'一卡通'，在交通出行、旅游观光、文化体验等方面率先实现'同城待遇'。"[1] 2020 年 12 月，文化和旅游部、国家发展改革委等部门发布的《关于深化"互联网+旅游"推动旅游业高质量发展的意见》明确提出，加快建设智慧旅游景区。坚持"全域旅游"发展理念，以"全域"发展模式代替景区发展模式，从主客割裂转变为主客共享，强化旅游产业在当地经济社会发展中的引领作用。

新型冠状病毒肺炎疫情防控期间，虚拟旅游、分时预约、无接触服务、数字场景、沉浸式剧本演出已经走进国民大众的日常生活。中国旅游研究院（文化和旅游部数据中心）监测数据显示，

1　引自央视网信息（新闻联播），新征程开局"十四五"　加快社保网络建设　兜住兜牢民生底线，国际在线：2021-12-19。

假日期间景区接待预约游客比例为 60%，平时也有 40%~50%。对于 2 万多家景区，假日期间平均每天接待几千万游客的市场存量而言，没有互联网的加持是不可想象的。在夜间旅游和文化娱乐消费场景中，文化赋能和科技支撑的光影故事已经占据了主导地位。[1]但是，当前智慧文旅建设在国内外都只局限于关注景区本身的数字化建设，着力点在景区数字化基建，忽略了游客全域旅游体验，这实际上并不能很好地满足游客（特别是外地游客）游前、游中、游后全周期、全方位需求。

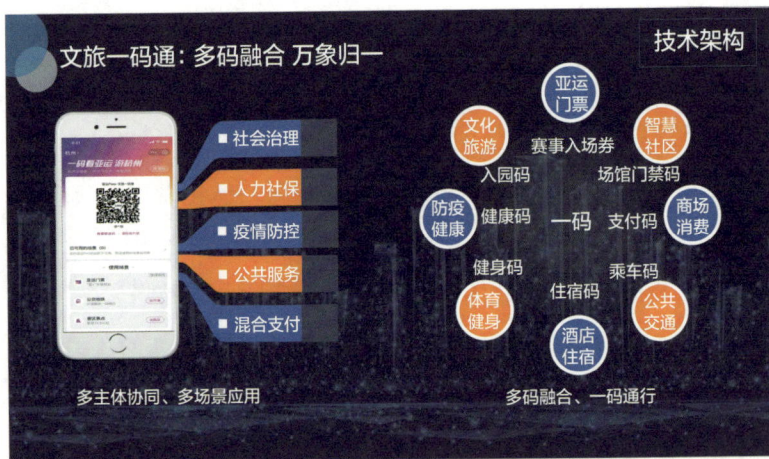

基于此，在杭州亚运会组委会、杭州市文化广电旅游局指导下，由杭州市民卡管理有限公司建设，与支付宝、博物文化、深大以及微巴士等单位合作的项目，在融合健康码、行程卡的基础上，整合景区入园、文博场馆预约、公共交通出行等各类应用场景，串

1　戴斌.以互联网场景化拓展智慧旅游新空间.中国旅游研究院微信公众号：https://mp.weixin.qq.com/s/Hxgbyea5_Wr3KkEUXVdl_Q。

联起各类消费和权益，为游客提供"一码通行"的便捷服务。"文旅一码通"又称"CITYPASS"，是融合"一码""一库""多场景""多身份"的全域文旅跨域业务一码通行综合应用平台，是利用大数据等技术建立的涵盖吃住行游购娱服务＋身份＋权益的城市通行证结合体，旨在通过一码通实现区域文旅服务中的"身份通""服务通""数据通""权益通"和"结算通"，同时通过数据智能驱动，为文旅各场景提供个性化的服务。2021年9月，由杭州市民卡管理有限公司、城市通交通卡和金投数科联合研发的"亚运PASS·文旅一码通"正式开始公测，助力杭州率先迈入"一码通城"时代。

2. 建设内容

将文旅一码通引入老百姓生活的各个领域和环节，通过研发居民统一的码引擎（"一码"），结合健康码亮码应用，实现景点门票预订、交通出行等多场景的消费链接和权益互通，进而逐步搭建覆盖杭州市全人群、全场景的码体系，切实把"一码"打造成为杭州数字化治理的特色品牌，并通过数据协同助力城市大脑平台的精准决策和高效治理。其主要建设内容包括构建基于多源数据融合和数据协同的大数据平台（"一库"）、研发基于数据智能的文旅码（"一码"）、研发基于区块链的可信身份认证系统（"多身份"），设计可满足全域文旅服务应用的个性化场景模块（"多场景"）以及搭建全域文旅跨域业务一码通行综合应用平台。

（1）"一码"：基于数据智能的文旅码服务

研究整合各类场景的身份码应用，并引入"健康码"应用，建立身份管理的长效机制，可有效实现杭州市民"一码"身份的全人群、全场景覆盖，为市民出行、住宿、旅游、支付等提供便利，为企业服务提供高效协助，为政府治理提供数据抓手，创新文旅场景核销模式、提升服务效率、促进游客安全有序流动等方面的作用，推进多"码"融合和长三角居民服务"一卡通"。文旅一码通建设市民统一的码引擎模式（"一码"），搭建政企联动、数据协同的平

台架构，加速深化拓展"一码"在公共服务、生活服务领域的场景化应用，并将健康码"亮码"服务升级成为应用场景"认码"服务，进而打造覆盖全人群、全周期、多场景的杭州"一码"，实现"一人一码、有事认码、数据在码"，健全数字化服务体系，打造杭州数字治理的特色品牌。

（2）"一库"：基于数据协同和多源数据融合的大数据平台

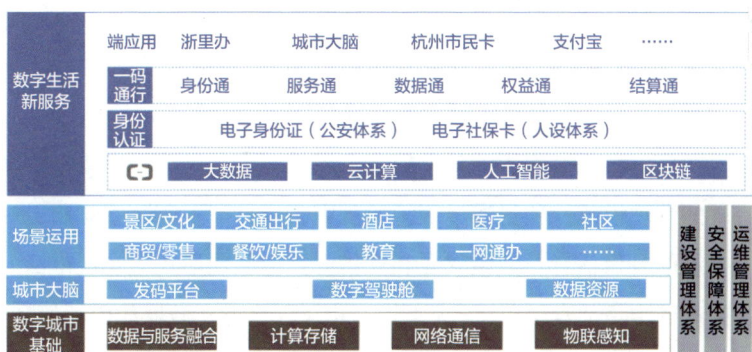

构建一体化、统一化的基于城市大脑数据协同和多源数据融合数据平台，研制内容包含码引擎申码平台、验码平台、用户管理模块、具有资格的渠道和商户管理模块、具备商户渠道管理与日志查询功能的后台管理系统、领码数据模块、核销数据模块等。

大多数的城市级智能服务类型数量大、应用复杂性高、协同管理困难。尤其是数据格式、收发速率等参数的不一致，给不同服务的联动工作带来困难。基于此，文旅一码通采取服务间主动数据推送的技术方案，在不同部门、不同服务之间采用多源异构数据聚合技术对数据进行深度加工处理，并为下游各服务、各部门提供主动数据推送服务，实现杭州市全域文旅跨域业务数据获取、推送、响应的服务联动。

（3）"多身份"：基于区块链的可信身份认证的服务模块

可信身份认证是文旅一码通在不同场景得以应用的基本前提。因此，文旅一码通要求研制基于区块链的可信身份认证的"多身份"系统，实现包含健康码的身份信息，无须再打开健康码出示核验健康状况；姓名、身份证号、手机号三要素的基础个人身份信息——支持景区入园身份；行程卡身份信息——刷码显示去过的城市，支持博物馆和酒店入住场景出示行程卡的需求。在入园、入住等场景上，以上信息可进行后台在线核验，无须多次出示。

文旅一码通摒除传统意义的一个场景一个身份、一个场景一套流程的管理模式，项目通过统一码规则，进行"一码"的应用，规范人员的身份信息、健康状况和支付方式的展现形式，实现市民人人拥有的唯一"身份码"，大大提升市民、企业、政府的生活便利、服务便利和管理便利，具有较强的社会正效益。

考虑到一码通的使用者在使用"一码游杭州"的文旅融合场景应用时，其个人信息数据在不同系统内参与了验证、匹配、消费、计算等多种业务场景，其个人隐私极其容易被暴露和滥用。例如，消费者每次刷码入园，消费的时候，数据很有可能被盗窃，或是签名被伪造，相关工作人员很难辨别消费者身份和真实性，存在被盗刷的风险。再者，消费者的参观、购买数据以及各项隐私会被很多商家截留，会出现隐私泄露的可能。同时，互联网时代各个终端都比较专注于提高消费者的购物体验，但却忽略了对用户隐私的保护。因此，文旅一码通在以人工智能提供智能服务的基础上，结合人工智能和区块链技术，利用去中心化的特点来解决隐私和安全问题。

（4）"多场景"：线上线下多场景服务模块

"文旅一码通"打通二维码应用场景，如市内交通场景、跨城市交通场景、门禁场景、旅游场景等，用"一码"统一现有杭州市二维码的使用场景，并不断深化拓展应用渠道。"一码通"整合研发常规场景，包括以下功能。

① 20秒入园功能：进行景点、文化场馆的在线预约、预订，线下在闸机或者其他渠道刷该码即可入园。

② 30秒入住功能：在线进行酒店预订，线下通过自助机的摄像头，即可刷码领取房卡。

③旅游一卡通功能：在线购买29.9元杭州文化旅游卡市民版或者99元游客版，即可刷码免费进入杭州合作收费景区。

④数字旅游专线功能：在线进行相关线路的购买，然后直接刷码上车。

⑤地铁和公交刷码功能：实现公共交通的出行刷码功能。

⑥其他服务介绍以及优惠领取：包括先离场后付费、停车优惠券领取、非浙A急事通领取等。

另外，项目还研发"游杭州，迎亚运"新场景，包括以下服务。

①数字观赛出行服务：公共出行（公交/地铁一码通），自驾出行（车场/路侧），P+R便捷泊车，余位查询，共享出行（网约车、单车）以及AR智能导航。

②数字观赛场馆服务：各种文体场馆线上查询、预约，图书借阅等。

③数字观赛文旅服务：酒店、民宿、定制游产品和AI行程规划等。

线上线下多场景服务板块的全方位覆盖和建设落地：一方面可以将数据打通作为底层，把相关数据开放给文旅企业，为旅游产业更好地赋能，帮助文旅企业依托大数据能力调整方向，改变推广营销策略，创新产品服务，提升游客服务质量；另一方面，可以为市民游客提供在线的信息共享和以信息技术媒介为载体的物联网应用，实现消费链接和权益互通，强化数字治理的服务提升。

3.建设效益

杭州"文旅一码通"的建设目标是推动长三角一体化发展，响应人民群众对于全域文旅服务的需求，针对多信息、多渠道、多码以及多平台融合难的现实问题，通过挖掘城市大脑中文旅服务多源数据信息，充分利用大数据、人工智能和区块链技术，融合防伪与溯源技术，开展基于数据智能技术下的文旅信息融合和个性化推荐服务技术研究，研发"一码""一库""多场景""多身份"等融合下的全域文旅跨域业务一码通行综合应用平台，创新文旅场景核销模式、提升服务效率、促进游客安全有序流动，助力杭州市文化广电旅游局在长三角推进多"码"融合和区域居民服务"一卡通"创新模式，开展杭州城市文旅服务数字化转型推进工作，积极谋划部署基于数据智能的全域文旅跨域业务一码通集成系统的研发与应用工作。

在市民游客使用方面，"文旅一码通"将为全杭州市市民提供统一身份，将各场景核验化繁为简，大大提升市民出行、办事的便利化水平，提升市民的体验感和获得感。

在业务部门使用方面，"文旅一码通"将有效进行身份核验、数据收集、数据统计工作，大大提升服务效能。

在管理部门使用方面，"文旅一码通"将归集散落在各应用场景的数据，对杭州市各类业务的使用情况等数据实现统一输出、分析工作，全盘掌握公共服务供给数据，为政府决策提供抓手。

"文旅一码通"突破单一入口、单一生态而得到进一步创新，以数据联通和系统协同为支点，打通"吃、住、行、游、购、娱"等全消费链路，整合健康码、入园码、住宿场景、行程卡场景、微巴士场景、公共交通出行场景，实现多码合一，在文旅领域实现全域文旅跨域业务"一码通"。依据融合人工智能和区块链技术新理念，"文旅一码通"通过数据加密防篡改及智能合约保障业务自动执行，实现城市数据安全共享，研究使用区块链上流转的可信政府数据和个人信息，免去城市服务验真和计算审核流程，实现城市服务链结算，改善群众城市体验，全面提升民生信息化管理水平和服务能力。同时，研究融合大数据以及云计算等技术，以安全、高效、便利为根本出发点，研制多层次、开放式、强监管的民生区块链平台，也提升了政府监管和服务能力，降低监管成本，提升现代化监管水平。

未来 3~5 年，"文旅一码通"将进一步整合酒店住宿、会务签到、政务办事等各类场景，真正实现"吃住行游购娱"一码畅游，成为数字化改革背景下杭州公共文化直达、旅游惠民直达和民生服务直达的"超级应用"和"硬核场景"，为加快杭州建设"未来旅游目的地"注入数字动能。

6.2.5　公共服务一卡通

杭州·市民卡公共服务应用以公共图书馆、中小学体育场地、公园（寺庙）景点、青少年第二课堂、志愿者服务等应用为代表。

市民卡用户免费开通图书借阅功能，服务覆盖杭州图书馆总馆，24小时微型图书馆，县市区馆，专业分馆，乡镇（街道）图书馆及村（社区）级图书室。杭州市范围内已全面推广市民卡刷卡健身，实现公办中小学校体育场地向市民免费开放。开通公园年票和寺庙年票的市民卡，可在杭城数十个名胜古迹刷卡应用。杭州市中小学生持学生市民卡，在全市100余个文博类、名人纪念馆和故居类、革命历史纪念类、文化科普类及青少年活动中心等第二课堂参观、学习。杭州市团委面向全市百万志愿者，实行便利、精细、数字化的管理模式，推出"市民卡志愿服务信息记录功能"。市民卡公共服务还涉及党员管理、流动人口管理、工会会员管理、居家养老服务等多个服务领域。

6.2.6　城市交通一卡通

目前，400余万人通过刷市民卡享受公交、地铁和道路停车的各种优惠。杭州市政府一直提倡市民选择公共交通出行，想方设法提高公交分担率和交通满意度。杭州市交通管理部门联合杭州市地铁集团、杭州市公交集团及杭州市民卡管理有限公司，通过对杭州·市民卡公交、地铁刷卡数据的统计和分析，制定并实施"P+R"（停车换乘）优惠及公交、地铁优惠换乘政策。据统计，截至2021年底，杭州16个地铁站"P+R"停车场优惠刷卡笔次达226万余笔，金额约为1873万元；公交优惠换乘笔数约为7亿笔，优惠减免金融共计超过10亿元，换乘笔次占总刷卡笔次比例达15.88%，社会效益显著。

6.3　金融支付

6.3.1　惠民汇付

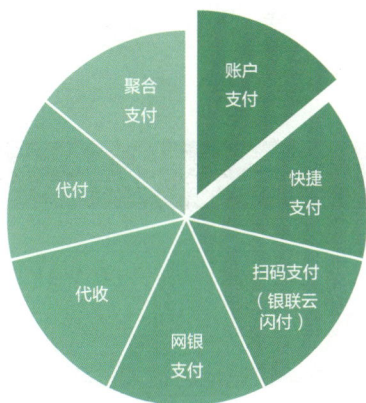

惠民汇付是杭州·市民卡旗下支付品牌，致力于提供专业的支付创新产品和服务，拥有全方位的网络支付产品，合作伙伴遍布北京、上海、广东、深圳、杭州、重庆等城市，行业覆盖广泛。惠民汇付的收单产品主要包括以下四类。

一是快捷支付。无须登录网上银行，输入银行卡信息，通过银行短信验证码校验完成支付。

二是聚合支付。聚合微信、支付宝、云闪付等多种支付方式，方便快捷。若用户已安装微信、支付宝和云闪付客户端，直接连接收银台；若用户没有安装，则进入 H5 页面进行支付。

三是委托收款。在用户授权范围内，为收款企业从用户指定银行账户扣收资金。

四是 WAP 支付。无须登录，跳转银联 WAP 页面完成付款。

惠民汇付中的代发产品提供面向企业或个人代理付款的产品，帮助付款企业更加方便、快速地为他人付款，让企业和个人足不出户实现网上代付、安全代付，大大提高资金管理的效率。在对公业务中，主要用于企业往来款代发、供货商打款；在对私业务中，主要用于金融类平台放款、理财提现、代发工资、佣金福利发放。

6.3.2 惠民金服

1. 建设背景

"惠民金服"平台，全称为杭州·市民卡惠民金融服务平台，于2015 年 6 月正式对外宣传，在杭州·市民卡微信公众号、APP、官网上线"惠民理财"频道。"惠民金服"依托杭州·市民卡多年品牌信誉、杭州·市民卡便民服务网络及移动互联网创新应用，整合杭州市金融投资集团有限公司内部雄厚的金融资源，引入外部优质的金融资源，基于市民卡大数据技术，以"让老百姓放心的理财"为核心理念，打造便捷、普惠的一站式互联网金融服务平台，为整个大杭州地域有金融服务需求的广大市民提供优质、合规的金融理财服务。惠民金融以用户为中心，利用移动互联网技术为广大用户提供普惠、便捷、新金融模式，并通过多维服务界面、金融大数据分析，为用户提供线上线下一体化的财富管理新体验。截至 2021 年，累计注册用户数达 277 万人，理财交易量超过 670 亿元。

2. 建设内容

"惠民金融"服务发挥杭州 · 市民卡相关业务优势，扩大业务部门场景、流量等来源，建立"金融+场景""金融+流量"合作机制，加大"业务联动、流量转化、数据联动、场景联动"支持力度，从而为杭州 · 市民卡应用服务提供更多的支撑。

（1）杭州 · 市民卡为C端客户及B端金融机构开展金融服务，提供服务的入口、场景等资源，明确该服务定位后，调整现有的业务模式：线上通过开放银行账户，为持牌金融机构产品导流；线下通过搭建财富管理系统，统一用户管理，集聚高净值客户资源。

（2）围绕金融科技主线，不断打造业务场景。线下平台寻求更多的流量入口及场景资源，在合适的场景中提供金融服务。线下财富业务通过一阶段积累后，形成成型的管理系统及销售体系。在资产管理的基础上提供给高净值客户更多的增值服务，整合优势资源提供亲子、医疗等服务。

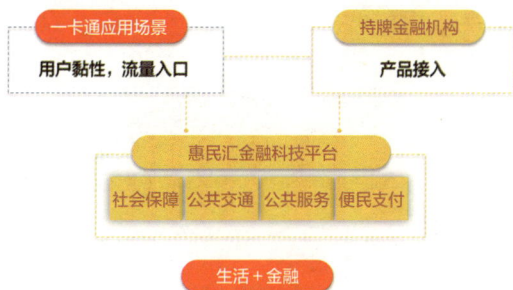

（3）金融科技发力，为持牌金融机构服务。惠民汇金融科技平台将整体对外输出，依据线上理财、线上保险及线下财富的业务属性，按不同的合作模式输出，为金融机构拓展更多的流量入口。同时，与金融机构开展进一步合作，为其提供信用、数据服务，达到资金端与资产端的闭环。

3.建设效益

惠民金服仅通过杭州·市民卡微信公众号、杭州·市民卡APP对外进行展示和宣传。客户根据自身理财需求，仅能够通过微信公众号、APP进入惠民金服业务后，才能完成交易。目前，杭州·市民卡各营业网点（包括区县子公司服务网点）及呼叫中心仅为用户提供咨询、答疑等相关服务。"惠民金融"服务已实现以惠民金融服务平台为核心，拓展线上理财、保险经纪、线下财富管理三大业务主线，为用户提供多维度、一体化的移动互联网财富管理新体验。在2019—2021年期间，"惠民金融"升级为百万级用户、千亿级交易规模的财富管理新平台，并立足杭州，布局浙江，展望全国，成为金融行业内特点鲜明、技术突出、产品稳健、用户满意的新金融财富管理服务载体。

6.4 综合应用

6.4.1 未来社区

1. 建设背景

图片来源：浙江省未来社区试点工作方案

未来社区是以满足人民美好生活向往为根本目的的人民社区，是围绕社区全生活链服务需求，以人本化、生态化、数字化为价值导向，以和睦共治、绿色集约、智慧共享为内涵特征，以未来邻里、未来教育、未来健康、未来创业、未来建筑、未来交通、未来能源、未来物业和未来治理等九大场景创新为引领的新型城市功能单元。[1] 未来社区建设围绕社区全生活链服务需求，科学布局邻里中心、教育、健康、创业、建筑、交通、能源、物业和治理等各个

---

1 浙江省发展和改革委员会，浙江省发展规划研究院.未来社区：浙江的理论与实践探索[M].杭州：浙江大学出版社，2021.

板块，内容涵盖了居民生活的各个方面。

"未来社区"是一个智慧城市必定要打造的一部分，建设"未来社区"是破解"城市病"，解决社区"老大难"问题的民心工程，也是培育优势产业，改善营商环境，拉动有效投资，促进治理转型，引领生产生活方式转变的改革创新工程。未来社区从提升住户体验的角度，全面思考社区设施的易用性、易达性、易识别性、安全性等，处处体现以人为本和人性关怀的理念，形成可持续的智慧化服务社区生态圈。

2. 建设内容

（1）未来邻里场景

在未来邻里场景中，通过合理利用市民卡现有数据资源，配合邻里中心建设需要，构建邻里贡献积分机制，弘扬诚信守约、共享互助、公益环保的社区精神；建立信用评价体系，构建服务换积分、积分换服务激励机制。在服务换积分方面，可设置党员群众安心积分、邻里共享育儿积分、居民特长贡献积分等；在积分换服务方面，可设置居民信用贷款增信、个性定制家居服务、社区特色消费抵用等专项特色服务。通过积分兑换，享有社区个性化、定制化的特别服务；通过积分退还，实现与社区商业、社区便民消费的互通。建立爱心账户，并与居民行为规范关联。借助邻里机制关联金融机构征信，实现居民个人增信。集成社保、车主服务、生活缴费、医疗询问、文化娱乐等功能的综合办事平台，实现服务需求与贡献供给的及时匹配。

（2）未来教育场景

在未来教育中，建立"社区达人资源库"（退休干部、老师、工匠、有艺术特长的居民等），提供业余级免费教育服务，建立授课积分换服务、换学习时间等机制。依托"社区达人资源库"（非物质文化遗产传承人、行业精英等），提供专业技能、专业知识等入门级不收费教授服务。

拓展普惠性托育服务，依托社区智慧平台，建立社区退休教师、退休儿保人员、全职家长、专业社工等数据库，协助满足短托、临托等教育服务需求。打通社区与"之江汇教育广场"交互学习接口，建立名校名师线上微课堂，接通"5G+VR智慧课堂"进社区接口，形成电子学情数据档案；通过学习服务预约、学习评价、学习心得记录等，形成居民学习归集数据，定制化推送课程活动信息。

（3）未来健康场景

通过"智慧养老""智慧医疗""智慧助残"，促进居家养老助残服务全覆盖，创新多元化适老住宅、居家养老服务中心、日间照料中心、嵌入式养老机构、老年之家等场所配置，支持"互联网+护理服务"等模式应用。构建名医名院零距离服务机制，包括城市医院与社区医院；探索创新合作合营机制，通过远程诊疗、人工智能（artificial intelligence，AI）诊断等方式，促进优质医疗资源普惠共享；开发建设社区"健康积分"模块；实现"院前"高质量医疗检测服务，"院后"全过程智慧健康管理。

（4）未来创业场景

通过人才码，统筹人才住房、创业、办公服务，推动实现"共享办公+共享服务+人才公寓"三大功能结合。协助相关人员获得政府专项资金，协助申请担保贷款与风险投资机构对接等。

（5）未来交通场景

未来交通场景突出差异化、多样化、全过程，要求构建"5、10、30分钟出行圈"。以车实现5分钟取停为目标，统筹车位资源，创新车位共享停车管理机制，推广应用自动导引设备（automated guided vehicle，AGV）等智能停车技术，从而解决停车难的问题。以人实现10分钟到达对外交通站点为目标，创新街区道路分级、慢行交通便利化设计，倡导居民低碳出行，通过信息服务实现一键导航、交通无缝衔接，打造居民便捷交通站点出行圈，实现30分钟可抵达杭州市区的每个目的地。

（6）未来治理场景

推行社区闭环管理和贡献积分制，形成社区民情信息库；搭建数字化精益管理平台，依托浙江政务服务网和"浙政钉"平台，促进"基层治理四平台"的融合优化提升，梳理社区各项任务，强化基层事务统筹管理、流程优化再造、数据智能服务，有效推进基层服务与治理现代化。

3. 建设效益

通过建设未来社区场景，市民卡体系全周期、全方位连接人、事、物，实现了数字社会的精准服务和创新服务。根据人本化、生态化、数字化的三维价值坐标以及蕴含在九大场景创新中的"社区全生活链功能配置"要求，杭州·市民卡创新场景应用，推进迭代创新，填补未来社区规划和建设过程中的留白空间，不断推进建设兼具归属感、舒适感和未来感的新型城市治理功能单元。

6.4.2 金投·市民卡数字体验中心

1. 建设背景

2019年，杭州市政府数字化转型及"最多跑一次"改革再深化。因此，自2019年6月起，杭州市民卡管理有限公司陆续接到杭州市直单位的多项"一件事"联办工作要求，如"出生一件事""大学生创新创业一件事"等。这种"一件事"公共服务新模式将推动市民卡公共服务再升级。另外，根据杭州市金融投资集团有限公司"公共服务+"发展及构建区域性金融科技生态链的战略规划，集团计划在市民卡服务大厅打造金融服务专区，为集团旗下公司的综合金融服务提供线下客户和场景，助力集团普惠金融业务发展。

杭州市民卡管理有限公司基于集团普惠金融的线下场景需求，杭州市政府深化"最多跑一次"改革及"一件事"联办的契机，以及杭州市民卡管理有限公司在"客户—数据—场景—应用"方面的优势，计划以市民卡服务大厅为主要服务载体，创新融合服务内容和新兴技术，构建"金投·市民卡数字体验中心"（以下简称"数字体验中心"），为百姓和小微企业提供高质量、智能化的公共服务和金融服务，助力集团区域性金融科技生态链的构建以及集团普惠金融发展，打造全新的杭州市金融投资集团有限公司和杭州市民卡管理有限公司的"公共服务+"品牌。

2. 建设内容

数字体验中心打造1个市民卡服务大厅旗舰店作为服务载体及品牌展示中心，创新融合服务内容和新兴技术，打造智能化、一站式服务；配套呼叫中心、远程服务（含APP、微信公众号等）等服务支撑，搭建24小时、线上线下全方位的完整服务体系，助力杭州市政府数字化转型升级和"最多跑一次"改革再深化,打造杭州市金融投资集团有限公司和杭州市民卡管理有限公司全新的"公共服务+"品牌。

(1)服务大厅旗舰店

旗舰店是智慧城市综合服务平台的主要服务载体及品牌展示中心,承担功能分区、智能化产品、空间设计、统一服务管理的功能。

其一,围绕客户需求打造服务场景,为客户提供一站式、集约型、智能化的服务体验。一方面,积极争取政府公共服务的引入;另一方面,整合集团旗下子公司的公共服务、金融综合服务等,将其与市民卡的业务及服务场景融合。另外,吸引B端商业合作伙伴的加入。

其二,定位核心区域,扩大品牌覆盖面。当前,市民卡服务厅主要提供市民卡基础服务、公交卡服务、基于市民卡的公共服务等业务办理,以及少量市民卡金融服务。2021年最新数据显示,市民卡主城区服务厅(3个自有厅+9个行政服务厅)日均客流为2500人次,客户满意度达99.9%以上。

其三,打造"3+服务"(即"公共服务+、金融服务+、生活服务+")的服务场景,并设置功能分区。设置公共服务区,提供市民卡综合业务办理服务、"一件事"等特色服务以及其他可融合的公共服务;设置金融服务区,提供理财、小贷、保险等金融服务;设置生活服务区,围绕流量集中人群的细分市场设计,如打造教育、亲子、旅游等主题区块,未来将进一步推出亲子教育、入学一件事办理、长三角旅游一卡通服务等特色服务。

（2）呼叫中心和远程服务

数字体验中心的线上服务，主要依托呼叫中心和远程服务（含APP、微信公众号等），为数字体验中心的服务场景提供服务补充和支撑。呼叫中心和远程客服为客户提供全程咨询、受理、跟踪、售后、满意度回访、服务推荐等服务，保障 24 小时、365 天、线上与线下、现场与远程相融合的全方位服务体系的服务效能。

3. 建设效益

城市发展过程中的难点主要体现在城市治理、市民服务和产业发展三个方面，数字体验中心的意义和价值就在于基于数字城市的发展理念，通过技术手段和平台模式创新性地解决城市发展中的阶段性难题。[1] 因此，可从社会效益、品牌效益和经济效益三方面来体现"金投·市民卡数字体验中心"的建设效益。

（1）社会效益

数字体验中心建设有三方面的社会效益。其一，数字体验中心可承接行政审批服务中心的部分公共服务职能，从而创新融合政府公共服务，让政府满意，得到市民认可。其二，数字体验中心可提升服务效率和电子化综合业务办理能力，从而有效节约社会成本、市民的时间成本。其三，数字体验中心的智能服务新模式，助力政府数字化转型升级、深化"最多跑一次"改革。

（2）品牌效益

品牌效益是针对杭州·市民卡体系以及杭州市金融投资集团有限公司而言的。对外，金投·市民卡数字体验中心可提升政府、市

1　艾瑞咨询《2021 年中国智慧城市服务平台发展报告》。

民对数字体验中心的品牌认可。对内，数字体验中心有利于合作方的品牌宣传，为杭州市金融投资集团有限公司的综合金融服务提供线下场景、客户和数据，并具有品牌价值。

（3）经济效益

数字体验中心获得技术开发费、服务费、场租费、交易手续费等收益。同时，通过共享、整合已有的信息资源，提高信息化利用率，避免了重复建设、小规模分散投资和低水平重复建设，做到一方建设、多方受益，一次建设、长期使用，发挥规模效益，节约大量的人力、物力、财力。

6.4.3 移动电子商务

1. 建设背景

数字生活场景不仅能为用户带来超感知的数字生活，还能让用户体验到全新科技，深度感受智慧生活。杭州·市民卡遵照智慧城市的数字化转型发展方向，基于已有的数据支撑和用户基础，以及杭州市民卡管理有限公司技术模块、民生服务模块、金融模块的应用资源配置，不断解锁移动电子商务领域的数字生活新场景，使更多的人享受到数字生活带来的便利。在智慧城市的建设要求下，市民卡数字生活场景涵盖杭州市民的衣、食、住、行、娱以及发展的各方面，为杭州市民的日常生活提供了诸多便利和优惠。在市民卡移动电子商务场景，市民可随时随地地获取所需的服务、应用、信息和娱乐，市民用户可以在自己方便的时候，使用智能手机或平板电脑查找、选择及购买商品或其他服务。

2. 建设内容

（1）相亲频道

"相亲频道"精准切入市民卡单身用户，实现活动报名、好友推荐、提问留言等多项产品功能，并通过数据验证生成诚信名片，提升资料的可信度，打造真实的线上交友平台。截至 2021 年底，已新增信用认证人员逾 2800 人，累计注册人员超 14000 人。

"相亲频道"已增加用户自定义留言、邀请参加线下活动、红娘 1 对 1 服务、钱江分接入、用户画像分析、个性化活动组织上传等功能，从而充分挖掘和满足用户的相亲需求，丰富用户的使用场景。

（2）惠生活平台

为了丰富产品条线，实现模块多样化，杭州·市民卡全新搭建了一个类目多样、可免费或低价获取商品卡券的惠生活平台，平台业务内容涵盖生活缴费、餐饮美食、商场超市、视频娱乐等。

截至 2021 年底，平台累计交易 1.7 亿元。后续计划增加免费领取权益卡券，包括但不限于饿了么、美团、大众点评等大品牌，以免费领取权益直击用户，通过用户领取后消费，达成"CPA+CPS"的佣金收入。

（3）母子手册

与金投健康共同建设，整合母婴健康档案、母婴健康服务等业务模块，为新手妈妈提供各项信息查询和常用服务工具，展示各类实用的孕育知识。母子手册承载了政府提供的妇幼健康服务内容，记录了儿童接受医疗保健服务的整个过程。

（4）优惠券模块

与银行合作，由银行提供优惠补贴资金，部门建设优惠券模块，支持新用户领取大额优惠券后再支付，极大地提升了用户的购买意愿。

（5）亲子频道

和供应商商品系统对接，实现一键上货功能，订单可在亲子后台同步，丰富亲子频道的商品；与体检供应商预约系统对接，实现用户在亲子频道预约体检、查报告，提高用户体验感；对亲子频道首页及下单页改版优化，提升美观度。

（6）新版商户服务系统

为进一步完善商户使用体验、提升商户工作效率，搭建新版PC 端商户服务系统，整合了订单查询、发货及批量发货、活动核销等功能。

（7）云闪付接入

将亲子频道嵌入云闪付 APP，并能在支付时唤起云闪付支付，从而增加了亲子频道的曝光渠道和曝光量。

3. 建设效益

　　从社会价值来看，杭州·市民卡移动电子商务领域的数字生活场景结合商场、旅游、本地生活等娱乐行业，提升了杭州·市民卡本身的价值感，通过商业化运营操作，打造了市民卡"城市会员"体系，实现了"有市民卡，就有免费生活"的品牌理念。从商业价值来看，市民卡数字生活场景立足于杭州·市民卡移动互联网平台，通过为合作商户提供流量广告、用户运营、营销策划等相关服务，为杭州市民卡管理有限公司创造商业价值。随着市民消费观念的转变和消费方式的升级，以及对移动性和信息的需求急速上升，进一步拓展数字生活场景，可以为用户随时随地提供所需的服务、应用、信息和娱乐，同时满足用户及商家从众、安全、社交及自我实现的需求。

第 3 部分

未来篇

Future

第 7 章 "数字市民"概述

数字世界催生出"数字公民"的概念。"数字公民"是数字化的公民或公民的数字化，它是公民在数字世界的映射，是物理世界公民的"副本"，是公民责、权、利的数字化呈现，是构成公民个体的重要组成部分。[1] "数字市民"则是"数字公民"在城市生活中的体现，主要是指对城市市民进行数字映射，赋予其数字身份，帮助其体验数字生活。建设"数字市民"要通过认证城市市民唯一数字身份，并打造智能化、全方位、全周期的城市社会公共服务应用场景，从而构建一个市民数字生活空间，实现公共服务创新，以及社会治理方式的现代化、数字化转型。从服务领域和服务特点来看，杭州市民卡体系及其应用场景可进一步升级"数字市民"，使杭州"数字市民"建设做出更进一步的实践。

7.1 "数字市民"及内涵

"数字市民"是数字社会的重要组成部分，需要构建公共服务创新体系，从而快速精准感知市民需求，赋能高效服务和社会治理。总体来看，"数字市民"具有两方面含义。

一方面，"数字市民"在一定意义上可以理解为城市市民的"数字孪生体"或市民的"数字画像"。"数字市民"通过建模、物

1　王晶. "数字公民"与社会治理创新[N]. 学习时报（2019-08-30）.

联网、区块链、云计算、大数据等数字技术对市民本身进行计算机和网络感知、识别和分析，以市民生活数据为基础建立关于市民的动态"数字模型"，进而将现实世界市民的新状态传导至数字世界的数字模型中，实现"数字市民"与现实市民之间的实时互动。"数字市民"对现实市民进行全周期和全领域的动态追踪和仿真，通过信息互动，分析并预测现实市民的现实需求以及需求的变化，从而助力及时、合理地调配公共服务资源。具有数字孪生体属性的"数字市民"使市民在数字世界中有一个完整的"数字身份"和"数据账户"，通过数字载体认证后，市民可在贯穿社会各领域的数字生活应用场景获得相关公共服务。

另一方面，"数字市民"是城市公共服务底层的新型数字基础设施"综合体"，成体系地推进"数字市民"基础设施建设，可以优化社会资源配置和多元社会主体行动上的协同效果，化解当代社会运转复杂巨系统中的不确定性，从而提升数字经济的普惠性和有效引导社会创新活力释放。数字治理的基础对象是市民，"数字市民"是在数字时代打造新的基础设施综合体，是数字协同治理的重要组成部分，最终为市民创造美好的公共服务体验，为城市创造新的服务、新的场景。在现实的基础设施中，"数字市民"的实现需要前端卡、码、智能终端等多种数字化载体在不同情况中的配合，需要充分考虑各类群体的使用偏好，尤其是老人、小孩、残障人士等不能或不便使用智能设备的群体。从覆盖程度来看，"数字市民"要求实现市民全覆盖，因此，"数字市民"的基础设施要覆盖到市民生活的每个方面，同时也需要所有市民群体广泛参与，支持"数字市民"的深层次建设。

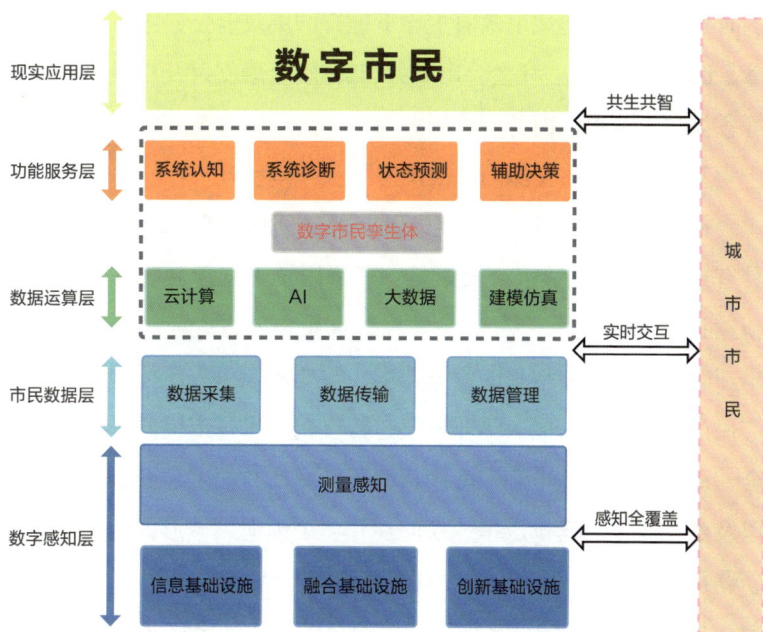

数字身份认证体系是"数字市民"诞生的基础，是市民数字化的基本前提。构建"数字市民"的身份认证体系才能进一步打通"信息孤岛"，实现在现实场景和互联网场景中对市民身份的安全可信验证。基于数字身份认证，设立市民的"数据账户"或"市民账户"，将标准化与可视化后的市民数据作为数字资产"存入"账户，在市民本人授权的前提下，实现数据在相关部门单位之间的可共享和可获取，从而使得公共部门可以提供更加个性化、智慧化的社会服务。

"数字市民"强调多主体协同治理，主张数据共享与融合创新。杭州"数字市民"建设，要在"新型智慧城市"和"最多跑一次"

的时代背景下，建成由政府主导下推行的集政府公共服务（社会保障、医疗卫生等）、社会公用服务、商业/金融支付及广泛便民服务等各类政府为民、商业便民服务为一体的、以各类实体卡与虚拟卡作为基础媒介的数据协同和便民协同服务体系。

在社会治理层面，"数字市民"对于创新社会治理和公共服务具有重大意义。"数字市民"是一条利用技术创新驱动数字治理的新路径。"数字市民"的业务涉及公共服务的方方面面，为不断满足新时期群众日益增长的服务需求，需要不断引入新技术和迭代新应用。但"数字市民"绝非仅仅是数字化技术与市民群众的简单结合，而是以市民为中心，协同新型智慧城市、数字政府、数字社会以及数字经济的建设成果，横向切片多个纵向领域形成的数字治理新路径。

"数字市民"的信息安全保障由杭州城市主链平台支撑。杭州城市主链打造区块链的核心技术突破基础设施、区块链场景融合应用基础设施，实现数据资源高效率配置，全面支撑全领域、全主体、全周期数字市民发展需求。该平台在为"数字市民"应用提供高性能、高安全、高可用、可扩展、易运维、兼容性强、隐私性高的区块链基础设施的同时，加载提供纳管监控、智能研发、跨链互通、合规监测等区块链通用能力支撑服务。

"数字市民"体系中生生不息的需求，为云计算、大数据、移动互联网、物联网、AI、5G等新兴技术找到了落地的场景、创新的源泉，并形成了"技术系统、组织、数据"三者之间的正反馈机制，可实现"整体智治"的数字治理生态，实现社会治理的高效、赋能、智能、便利和智慧的生活。在新型冠状病毒肺炎疫情发生后，杭州开发出刷市民卡验健康码的应用，相比手机健康码的操作更为方便，可靠性也高。如交通码与疫情健康码、身份认证码的"三码合一"创新应用，在疫情防控期间大大提升了健康核验、实名认证、乘车支付的速度，方便了乘客和司乘管理人员。"数字市民"多种前端介质的存在也确保了各类市民群体的广泛参与，缩小了数字鸿沟，能代表广大公众的需求，有利于精细化管理，也有利于体现社会公平。

7.2 "数字市民"建构

7.2.1 构成要素

总体上看，无论是数字孪生属性还是数字基础设施综合体属性，"数字市民"都有其特殊的组成要素。"数字市民"要在数字层面实现的市民的可视化展示，则需要从数字和应用场景两个维度对"数字市民"进行基础要素塑造。在数字维度，其基础要素是数字认证、数字档案、市民账户和市民积分，构建"数字市民"认证、管理和应用体系；在场景维度，其基础要素则主要是公共服务与生活服务应用场景相对应的数字应用场景。两个维度的基础要素共同构成"数字市民"的基础要素，并形成"数字市民"综合应用场景，推动"数字市民"可跨城办理业务、跨域使用数据。

1. 数字载体

智能卡是重要的"数字载体"之一，居民身份证就是通过数字载体进行数字认证的典型代表。当下，随着社会经济生活的丰富以及社会各行业领域发展的需要，居民身份证、居住证、银行卡、社保卡、交通卡、SIM 卡以及其他 IC 卡等智能卡都是"数字载体"，它们已经具备较完善的身份识别、身份认证、数字账户等功能，并深刻影响人们的生产生活。随着智能手机设备成为数字互通的重要工具，二维码迅速发展成为数字载体。

杭州市民卡管理有限公司已发行实体卡（杭州·市民卡、杭州健康卡、杭州通卡、消费卡）3170 余万张，其中杭州·市民卡 1280 余万张，搭建了数字与市民的完善纽带。APP 端发行医疗、公共交通、文化旅游等领域的单一用途码 3340 余万张，实现市民卡多个应用场景的"卡码融合"服务。杭州市民卡管理有限公司以"市民卡+市民码"为数字载体，形成"场景+用户+账户+数字+服务"的生态，打造城市级数字运营体系。

2. 数字认证

"数字认证"也称为"身份数字验证"或"身份数字鉴别"，是计算机网络中的一个概念，是指在计算机及计算机网络系统中确认操作者身份的过程，从而确定该用户是否具有对某种资源的访问和使用权限，进而使计算机和网络系统的访问策略能够可靠、有效地执行，防止攻击者假冒合法用户获得资源的访问权限，保证系统和数据的安全，以及授权访问者的合法利益。计算机网络世界中的一切信息包括用户的身份信息，都是用一组特定的数据来表示的，计算机只能识别用户的数字身份，所有对用户的授权也是针对用户数字身份的授权，其目的是保证操作者的物理身份与数字身份相对应。

作为"数字市民"所要求的身份认证，其认证工具可以是一张市民智能卡、市民码或者生物识别等。为了保证用户身份不会被仿冒，现实中的身份认证多为多种认证方式相结合。在不同的社会领域，市民会有不同的身份认证，如全国统一的居民身份证、各商业银行发行的银行卡、社保部门发行的社保卡等。这些智能卡的一个共同特点是需要在不同的社会环境中使用，同时也可以在必要时跨部门、跨场景地应用于持卡人办理相关业务。如今，为提高社会服务的效率与质量，各地区都在进行"多卡合一"的探索与实践，集成政府政务服务、社会公共服务、金融服务、权益保障等功能于一体，实现一张智能卡（电子卡或码）的"身份认证"可以用于不同的社会领域，成为居民的"第二身份证"，有效提高了居民的生活质量。要实现"多卡合一"，则必须打破数据壁垒，打通各部门的信息数据通道，从而使各项社会服务能够顺利进行。

市民的"数字认证"是基于"物理身份认证"的数字化升级，是一种覆盖生活各领域的"数字身份认证"。对于"数字市民"而言，其基本建设就是在数字化过程中，对"人"（市民）实现精准对应，并通过精准对应后的一个身份认证将社会服务定位到每一类人、每一个人，从而实现人的物理"身份认证"到"数字认证"的升级。市民数字身份认证需在合法、合规、正当、必要范围内采集市民在日常生活、学习、社会生产等中的多维度、多来源的结果数据，经过数据分析，详细展示市民生产生活各方面的指数，从而形成市民的数字画像。在市民数字画像的基础上，完成市民的数字身份认证，同时也形成市民公共服务需求的全方位分析，从而助力于公共服务供给效率和供给质量的完善。

杭州·市民卡是由杭州市确定的市民身份的代表证件，在《杭州市市民卡管理办法》规定的范围内可以替代身份证的部分功能。如今，杭州·市民卡已实现公安、社保、卫健、医疗、教育、交通、文旅等部门的身份认证互通,以社会保障卡为载体基础,整合杭州市现有的养老助残卡、医保卡、交通卡、中小学生市民卡、公园年票等实体民生卡,统一实体卡和电子卡(码)用卡环境。而要实现这些服务整合,其基本前提就是统一市民的"数字身份认证",这也是杭州·市民卡的基础功能。

3. 数字档案

"数字档案"是指个人或家庭在互联网环境中所产生的数字记载,档案形式包括文字、图片、音频、视频等。随着移动终端的不断普及,人们在日常生活及工作中产生了大量的个人数字档案。目前,国内尚无专业的个人数字档案系统。然而,随着云存储技术和区块链技术的发展,个人开始选择将照片、视频等文件上传至软件的云端服务进行保存或备份,百度、360、华为等公司都相继推出了个人云存储产品。

"数字档案"具有重要意义。对于个人而言,通过个人数字档案保存自己的工作或学习记录,有助于更好、更有效地开展工作和学习,为今后的行动和计划制定提供参考;通过保存关于自己的照片、视频、网络日志、聊天记录、朋友圈等,实现记忆留存、情感寄托。对于家庭而言,数字档案记录和保存下各位家庭成员的生活痕迹与记忆,形成家庭档案和族谱资料,实现家庭记忆的延续,有助于增强家族凝聚力,维系家庭团结。对于国家和社会,个人数字档案来自民间,视角更加丰富,内容更加鲜活生动、全面具体,能更真实细微地反映信息社会的方方面面和变迁过程。

杭州·市民卡在发行之初,就建设了涵盖市民个人身份信息、社会保障信息、就业信息、学历信息等在内的个人数据信息库,逐步成为串联智慧城市 N 场景的重要数字库——市民档案库。市民数字档案是一个人在城市中生活、学习、工作的生命轨迹的缩写,让城市记住。后期,杭州市金融投资集团有限公司在杭州市政府指导下,打造城市级区块链和发展云存储,保障数字档案的安全性。

4.市民账户

杭州·市民卡除了能轻松办理和享受传统的以社会保障为代表的各项政府性业务,还可用于以公共交通为代表的城市公共事业的消费;同时亦能作为小额钱包进行各种金融支付,如凭卡在商场购买小额商品。市民通过市民卡完成消费支付的关键环节则是完善"市民账户"。

杭州·市民卡具备"账户"的功能。"市民账户"需要整合社保卡账户、市民卡账户、银行账户、电子钱包等功能,通过身份认证,可打通公共服务渠道,推进公共服务的全覆盖和精准化。杭州·市民卡与各大商业银行实现联名捆绑,使得市民卡直接具备普通银行卡的功能,可完成存取款、消费、转账等银联卡服务。同时,通过市民卡捆绑的银行账号,可实现多项公共基金的发放和公用事业的缴费,方便居民使用。同时,在杭州市市区范围内,还具有其他如医保应用、金融支付应用、交通应用、公园年卡应用等功能。2013 年,杭州·市民卡获得中国人民银行颁发的支付业务许可证,业务涵盖预付卡发行与受理(浙江省)、互联网支付(全国)、移动电话支付(全国)。实现这些功能的前提是杭州市民以市民卡的"银行账户"为"跳板",开通并完善"市民账户"。"市民账户"应当包括银行账户和公共服务领域的其他应用账户。以"市民账户"为连接点,以市民公共服务需求为导向,通过具体的市民卡相关信息的采集、存储、交换和共享等工作，以及市民卡的制作、发放、维护与市民卡服务网点的建设和维护等工作，完成市民卡相关应用系统建设和服务场景建设，才能进一步完善整个"数字市民"的应用场景体系，使"数字市民"的场景应用更具体。

"市民账户"也将涵盖数字市民的数字资产，资产数字化以城市主链技术作为产品封包，从文化数字化到权益数字化再到资产数字化的确权与交易。探索历史文物、地方名胜、非物质文化遗产传承等特色数字资产，以数字IP权益与城市实体经济交互，未来更将应用在数字城市、元宇宙等场景中，使"市民账户"内容更实质化、应用更广泛。

"市民账户"的建立具有较大的社会价值。从社会治理的角度，通过对"市民账户"数据应用的收集、整理，分析相关数据动态变化、体量规模、类型分布等，可以较清楚地发现社会公共服务的供需关系，从而帮助有关部门及时调整社会公共产品的供给，可以避免资源浪费，优化公共资源配比，提高社会治理的精度和市民的服务满意度。从公共政策的角度，公共政策问题的构建需要考察社会经济发展状况、民生需求动态变化等要素，并对可能出现的问题做出预判、提前布局、采取措施、解决问题。[1] 对问题做出预判则需要数据量足够多、数据观察时间足够长、数据范围领域足够广，而"市民账户"中的相关数据满足政策出台或调整的数据需求。所以，"市民账户"可以为权力机关以及政府组织等提供公共政策出台和调整的数据支撑，从而助力于社会公共服务关系的完善。

1　刘振宇.大数据对公共政策问题构建的影响——基于拉斯韦尔的情报观 [J].行政与法，2019（6）：62-69.

5. 市民积分

随着社会经济的发展，全国范围的发达城市基本上都已经出台"积分购房"或"积分落户"政策，用于外来务工人员管理，从而规范城市管理秩序。

这是一种积分制管理方式。积分制管理是指把积分制度用于对人的管理，以积分来衡量人的自我价值，反映和考核人的综合表现，然后再把各种物质待遇、福利与积分挂钩，并向高分人群倾斜，从而达到激励人的主观能动性，充分调动人的积极性。积分制管理的核心内容就是用奖分和扣分来记录与考核人的综合表现，然后用软件记录，并且终身有用，把积分与设计的立体需求挂钩，从而调动人的内在动力，让优秀的人不吃亏，让"吃亏是福"真正变为现实。[1]

在此，可以将针对城市中外来务工人员的落户或购房"积分"引申到适用于城市所有居民的"市民积分"。"市民积分"以市民个人的年龄、学历、社保年限、职业技能、公益贡献、诚信度、奖惩情况等为赋分名目，积分管理平台定期通过对市民个人的内部公开信息和有关申请进行审核、评分、复核，形成能较全面、较综合反映市民个人在该时间段内的城市贡献度的可累计积分，进一步实现市民个人发展与城市发展挂钩、市民公共福利待遇与个人城市贡献度挂钩。杭州·市民卡现已建成基于市民基本信息、遵纪守法、社会用信、商业用信、亲社会行为五大维度的杭州城市个人诚信分——"钱江分"，用于反映在杭州工作或生活且年满 18 周岁的

1　李荣.中国积分制管理 [M].武汉：长江出版社，2014.

市民的信用情况。杭州钱江分目前已广泛应用于医疗卫生、交通出行、住房租赁、旅游生活、商业购物等公共服务领域，不同分值的市民所享受的公共服务有一定的差异。杭州市已明确提出打造"市民爱心积分"，构建市民文明行为的数字积分体系和激励回馈机制，建立积分兑换服务机制，以数字激励和数字服务推动全社会形成崇德向善的共同价值取向，为每一位在杭居住就业的市民塑造以城市贡献度为度量的"数字生命"。"爱心积分"对杭州市民的公益服务、慈善事业、志愿服务、无偿献血、见义勇为、扶弱助残等文明行为进行统一规则的计分积累，并在积分入户、积分入学、公租房申请、专家门诊加号、公共场馆赠票、公共交通优惠、最美市民评选等各类公共领域和评优评先中给予正向激励与礼遇。

与此类似，从金融到互联网领域，国内诸多互联网巨头推出各自的"信用分"。支付宝"芝麻信用分"通过布局，已经构建了完善的服务体系，以及广泛的应用场景，如购物（淘宝、天猫），信用借还（共享充电宝、雨伞），信用租赁（衣物、数码产品），免押出行（共享单车），免押住宿（酒店、民宿），新零售（无人货柜），支付（花呗、借呗），投资（余额宝）等，围绕生活场景，建立信用体系，完成金融服务的闭环。微信推出"微信支付分"，对个人的身份特质、支付行为、守约历史等情况进行综合计算分值，目前覆盖包括充电宝免押租借、先乘后付、微信机上付、酒店免押预订、物流快递先寄后付、娱乐设备先玩后付等数十个场景。移动通信、京东金融、苏宁金融、美团等已推出"信用分"，用于业务拓展和生活场景覆盖。

从客观意义上看，"市民积分"是"数字市民"的量化展示和具体化呈现。"市民积分"将市民的各项数据信息数字化后，通过直观数字——分数值将"数字市民"直接可视化、直观化。但在现实中，通过一套完善的机制、一个完备的管理平台、一个完整的运营团队来完成"市民积分"具有较大的难度和阻碍。因为其中会涉及多个伦理和法理问题，同时，技术和建设成本也是要考虑到的问题。因此，杭州"市民积分"的建设以市民卡"钱江分"为主体，逐步融入家庭"和谐分"、社区"和睦分"、教育积分、文化积分、工作积分、爱心积分等能反映市民生活的积分建设，全面反映市民个人的城市生活情况。"市民积分"建设完成后，以"市民积分"为参考值，在公共服务领域以及购房、落户等方面给予一定的差异化待遇，激励"市民积分"较低的市民向高分市民看齐，从而促进加强市民的思想道德水平，以及在价值原则上实现社会公正、在社会价值目标上实现利益协调，最终实现人与人、人与社会之间和谐有序。

同时，要建立完善的积分兑换服务机制，激活数字社会各领域服务，积极引导社会企业共同参与激励反馈，拓展积分兑换领域，以数字激励和数字服务推动全社会共同形成崇德向善的共同价值取向，营造"我为人人、人人为我"的社会环境。

6. 数字应用场景

数字应用场景是"数字市民"的发展土壤，两者和谐共生。对"数字市民"与数字应用场景的内在联系的分析，可以转化为对人与社会的关系的分析。社会对个体既有促进作用，又有制约作用。社会的全面发展和进步，推动着个人的全面发展与进步。同理，"数字市民"的建设需要与之相对应的数字应用场景。"数字市民"

要在数字应用场景中才能有效发挥出数字信息的作用，使得数字化的公共服务得以落实；数字应用场景在"数字市民"的建设要求下不断拓宽服务范围，逐步实现市民生活领域全覆盖。

"数字市民"的数字应用场景以"以人为本"为核心理念，具有全面性、前瞻性、功能性、基础性的特点。全面性即应用场景要覆盖市民生活的各方面，并且能够得到全面保证和落实；前瞻性要求场景建设能够从多角度预测市民的公共服务需求，使得应用场景能够对需求变化及时做出适应；功能性强调应用场景的功能和属性，即应用场景是针对特定问题或需求而开发，能满足市民需求；基础性是事物发展的必要条件，在此处是指数字应用场景能够满足市民生活的基本需求，并且其功能开发与场景拓展能在已有建设基础之上进行。

"数字市民"是进一步推进杭州全方位建设智慧城市的重要突破口。通过已有的人群全覆盖、线上线下应用全覆盖（载体全覆盖）、大杭州服务全覆盖（地域全覆盖），以及区块链、大数据、云计算、人工智能等新型数字技术，有机链接杭州城市公共数据元，构建覆盖城市的"全面感知网"。在城市治理、产业服务、民生服务等公共领域，依托杭州·市民卡体系，"数字市民"可优化完善智慧城市建设基础设施配套，提高智慧城市的存量处理效率，转变城市的传统运行方式；推动城市在不同服务领域的智能化发展，促进治理效益提升和产业升级。如通过"数字市民"建设，推动电子商务平台建设和各项信息技术应用落地，加快建立完善的服务体系和全民信用管理体系；通过加快智慧化生活普及，在关键民生领域，搭建起"全覆盖"信息化运营服务体系；通过完善以"两库三平台"为核心的教育信息化创新发展体系，促进跨时空在线学习，推动信息化对教学模式、学习方式的革命性变革。

"数字市民"将高效推动未来社区场景理念完善，迭代升级为建立在现实世界、移动智能设备、社交媒体、大数据、传感器、定位系统、智能城市模型之上的整合式体验，充分促进现实空间与虚拟空间在场景建设中的系统融合，从而打破壁垒，实现虚拟与现实、居民与居民、社区与居民、居民与城市之间的互联互通。如通过"数字市民"的大数据管理和全周期服务，整合社区内各个复杂系统和各类资源要素，完善全生活链和全功能链，助力打造"邻里互助生活共同体"（未来邻里场景）、"终身学习教育综合体"（未来教育场景）、"全民康养健康保障体"（未来健康场景）、"畅快出行交通衔接体"（未来交通场景）、"优质生活智慧服务体"（未来服务场景）等，进一步打造美好生活蓝图。

"数字市民"对于数字人民币在杭州的推广落地有较大的促进作用。在城市中，"数字市民"做到人群、载体、地域三个全覆盖，同时依托现有市民账户所涉及的领域，在市民日常生活中可实现支付场景全覆盖。因此，以"数字市民"为依托，以杭州·市民卡码体系为重要载体，可加速数字市民在杭州的推广落地。例如，加速数字人民币钱包的技术升级，通过"数字市民"的精准画像，为有需要的人群或组织开通专享数字人民币钱包，实现政府补贴和专项资金的精准投放。数字人民币在杭州的推广需要扩大应用场景覆盖面，实现杭州试点区域内的应用场景全覆盖。未来，"数字市民"在宏观层面也有助于拓宽数字人民币在城市低碳生活、智慧城市、普惠金融等公共主题应用场景，以及数字政府、数字经济、数字社会等数字中国战略应用场景的覆盖面，高效促进数字人民币与社会生活的有机融合。

7.2.2 建设基础

1.法律基础

杭州·市民卡是为建立杭州市个人信息交换系统，建立市民的服务和应用体系，以达到便于市民办理个人事务和商业应用、便于政府管理的发给市民用于办理个人社会事务和享受公共服务的集成电路卡。市民卡的重点应用为医保应用、金融支付应用、交通应用、公园年卡应用及市民卡商盟会员应用。市民基础信息交换平台和基础信息资源的建设、管理与维护是杭州·市民卡系统的重要组成部分，也是开展"数字市民"建设的重要支撑。

在社会保障方面，医保、社保应用是市民卡政府应用的代表。《中华人民共和国社会保障卡管理办法》规定："社会保障卡是持卡人享有社会保障和公共就业服务权益的电子凭证，具有信息记录、信息查询、业务办理等基本功能。"[1]同时规定社会保障卡按照"一卡多用，全国通用"的原则进行建设。各地发行社会保障卡必须遵循安全性、完整性和公益性的要求，采用全国统一的标准规范，保证在全国范围内使用。而"数字市民"的建设目的便是在提高政府服务效能和生活便利性的同时，增加市民的生活权益，使市民更具参与感、获得感和幸福感。以社保应用为辐射点，向其他社会公共服务领域拓展公共服务，在信息完善和标准统一的基础之上，打破数据壁垒和解决数字鸿沟，实现"一卡通用"。通过第三代社保卡

1　人力资源和社会保障部.中华人民共和国社会保障卡管理办法 [S].2011.

（市民卡）的发行，杭州市已实现"一卡多用"和"一卡通用"，为"数字市民"的建设奠定了重要基础。

在个人信息方面，"数字市民"建设需要大范围的市民个人信息的支撑，而随着社会的发展，个人信息是一个敏感且复杂的概念。在《中华人民共和国民法典》中将"个人信息"定义为"以电子或其他方式记录的能够单独或者与其他信息结合识别特定自然人的各种信息，包括自然人的姓名、出生日期、身份证号码、电话号码、生物识别信息、电子邮箱、行踪信息、健康信息等"。《中华人民共和国个人信息保护法》也已出台实施，并规定"个人信息处理者应当根据个人信息的处理目的、处理方式、个人信息的种类以及对个人权益的影响、可能存在的安全风险等，采取措施确保个人信息处理活动符合法律、行政法规的规定，并防止未经授权的访问以及个人信息泄露、篡改、丢失。"此外，《中华人民共和国网络安全法》及国家标准化管理委员会发布的《信息安全技术　个人信息安全规范》（2020 年版）均规定了处理个人信息，应当遵循"合法、正当、必要"并不得过度处理的个人信息采集的基本原则，并建立了以"知情同意"为核心的个人信息处理系列规则。"数字市民"建设需要采集大量市民个人信息，但其建设活动必须有法律约束。不同监管部门和行业组织也基于技术和实践，从不同角度制定了相应国家标准、规章制度、实践指南和团体标准等，全方位规范个人信息处理者的活动，使"数字市民"建设中的个人信息采集合法合规、正当合理，促进个人信息合理利用。

2. 政策基础

在管理政策方面，杭州市于 2005 年颁布《杭州市市民卡管理办法》，其中规定："劳动保障、公安、民政、卫生、交通、园文、城管等相关应用部门应根据市民卡系统建设的需要，及时、准确、完整、无偿地向信息资源管理机构提供有关业务信息，并积极推动市民卡在本部门管理和服务中的应用。各县市区以及乡镇人民政府、街道办事处应当积极配合有关部门做好市民卡的信息采集、宣传、发放等推广应用工作。除法律法规另有规定外，任何市民卡应用单位不得拒绝市民卡系统在本单位的应用。"相关规定打破了杭州·市民卡在政府应用和公共服务应用的部门壁垒，加速了市民卡在杭州各部门、各领域的应用落地。在此规定之下，杭州·市民卡成为杭州政府相关政策实施的有效载体之一，提高了政府服务效能；市民卡也在此过程中采集到应用信息，从而为政府决策提供有效数据支撑。

2021年，浙江省提出加快构建数字化改革"152"工作体系，要求打造数字社会综合应用。杭州市的《关于"数智杭州"建设的总体方案》中明确指出，在数字社会建设中，要形成"主动服务、精准服务"的服务形态，全面构建与数字社会相适应的公共服务保障体系，实现城市服务供给优质均衡，围绕人的全生命周期服务需求，推动全域覆盖、全程跟踪、全方位服务的跨部门多业务协同应用综合集成，推动数字社会服务"一体化""智慧化""人本化"，实现各领域服务更加精准、更有温度，人民群众的获得感、幸福感、安全感得到全面提升。相关部门和建设单位按照浙江省数字化改革和"数智杭州"建设要求，大力落实推进杭州数字社会建设。杭州·市民卡体系已融入杭州数字社会"幼有所育、学有所教、劳有所得、住有所居、文有所化、体有所健、游有所乐、病有所医、老有所养、弱有所扶、行有所畅、事有所便"十二大应用场景建设，相关数字应用场景已建设落地。

3. 现实基础

杭州·市民卡体系已具备了"数字市民"的诸多特征。如，市民卡个人基础信息以及"钱江分"等项目已将杭州市民个人信息实现了基础的智能卡化、网络化、数字化等工作。杭州市民卡管理有限公司作为市属公共信息服务企业，在"数字市民"建设和市民卡运营中能够承担更多的功能。

市民卡体系可作为"数字市民"的基础。杭州"数字市民"的基础对象是全体杭州市民，杭州·市民卡已经实现了杭州全人群的全覆盖、线上线下应用全覆盖、大杭州所有区域的服务全覆盖，市民卡应用已覆盖智慧医疗、舒心就医、公共交通、旅游、体育健身、养老、第二课堂、图书馆、志愿者、人才卡、门禁、生活消费等公共服务和生活服务场景，其中智慧医疗年交易笔次达4500万笔，公共交通实体卡年刷卡笔次超过10亿笔，电子公交卡（包括月票）交易笔次超过2亿笔。当前杭州的移动办事APP、亲清在线、卡码合一等应用，均基于市民卡信息对市民提供公共服务而展开，市民卡体系已经是数字市民的基础。

市民卡技术能力有利于"数字市民"建设。经过17年的发展，杭州市民卡管理有限公司已经形成了强有力的技术开发及运维体系，拥有丰富的线上线下应用开发及平台整合能力，已体系化实现了前端数字化（卡、码、脸、智能终端）；中端云网化（协同、智能、融合）；后端数据化（共享、交换、开放）的平台新生态，承接完成了智慧医疗、道路停车、公共交通等多项政府公共服务应用开发。市民卡系统本身也是政府多部门协同合作的结晶。杭州市民卡管理有限公司有能力和实力完成"数字市民"的打造。同时，杭州市民卡管理有限公司是受中国人民银行监管的非银行金融机构，严格遵照金融安全标准执行，数据使用的安全性、可靠性有充分保障。

杭州市民卡管理有限公司可作为"数字市民"的运营服务商。市民卡本身是由政府主导推行的集政府公共服务（社会保障与医疗卫生等）、社会公用服务、商业/金融支付及广泛便民服务等各类政府为民、商业便民服务为一体的、以各类实体卡与虚拟卡作为基础媒介的数据协同和便民服务体系，拥有完善的线上线下服务体系和丰富的运营经验，线下服务网点全面覆盖大杭州四区两县一市，线上服务已完美运营近10年。

杭州·市民卡已建成由服务网点、呼叫中心、远程客服、杭州·市民卡APP、微信公众号等组成的一体化服务体系，满足不同服务需求。截至2021年，市民卡服务网点日均接待量为5000人次，客户满意度达99.9%以上；呼叫中心日均服务量为4000人次，接起率达88%以上。

市民卡技术团队有效保障了市民卡应用场景每年10亿级的服务流量，实现市民卡基础服务100%线上化，市民卡技术体系，能够保障各类应用场景的服务稳定。市民卡服务体系及技术运维保障体系本身承接了社会保障、公共交通、智慧医疗、第二课堂、体育健身等横跨卫健、社保、教育、体育、交通等多部门的三十多项面向市民的公共服务，与"数字市民"面向市民的多应用、多系统协同运营要求完美契合。"数字市民"的建设和运营已有发展基础。

7.2.3 体系建设

"数字市民"是新衍生出的社会名词和经济名词,它是"数字社会"的组成部分,是"数字社会"建设中连接各重点领域的载体,全方位、全周期地连接"市民"与数字化以及数字化公共服务。

《中华人民共和国国民经济和社会发展第十四个五年规划和2035年远景目标纲要》中提出的"数字社会"强调以数字化发展推动智能化、精准化的社会管理、社会服务和社会公共品的供给,它的特征是社会性、普惠性和智慧的提升和发展,进而引领高品质的社会生活。社会管理的核心是人与社会经济生活,社会公共产品的供给对象归根到底也是人,因此,数字社会建设始终围绕"人"及其生活展开。从而,数字社会"聚焦教育、医疗、养老、抚幼、就业、文体、助残等重点领域,推动数字化服务普惠应用;推进学校、医院、养老院等公共服务机构资源数字化,加大开放共享和应用力度;推动购物消费、居家生活、旅游休闲、交通出行等各类场景数字化;推进智慧社区建设,提供线上线下融合的社区生活服务、社区治理及公共服务、智能小区等服务;加快信息无障碍建设,帮助老年人、残疾人等共享数字生活"。

国家层面对数字社会建设提出了总体要求,即适应数字技术全面融入社会交往和日常生活新趋势,促进公共服务和社会运行方式创新,构筑全民畅享的数字生活;提供智慧便捷的公共服务、建设智慧城市和数字乡村、构筑美好数字生活新图景。为促进数字社会建设,浙江省政府提出了"公共服务智能化"和"社会治理集成化"的总体要求,并进一步细分为城市、教育、医疗、交通、文旅、就业、扶贫、养老、公共安全和乡村服务等十大应用场景。可见，数字社会不同于数字政府和数字经济，它主要聚焦于社会公共服务和社会治理方面。但无论是国家层面还是省市层面，都未对"数字市民"系统阐述和论证，其相关建设要求也并未提出。

城市是"数字社会"建设的主要阵地之一，也是数字社会应用场景的集中之处。"数字市民"建设应当融于"数字社会"建设之中，成为数字社会应用场景的中心与载体，使得各项公共服务与服务创新能始终围绕城市市民而展开，并最终作用于城市市民。

要实现建成"数字市民"，首先要抓住"数字"和"市民"这两个核心要素。"市民"是物质主体和目标主体，是现实的"人"；"数字"在此处特指"市民"的映射与衍生，即对市民的身份信息和生活信息做的大数据转化以及资源性呈现。两者的存在辩证而统一。因此，建设"数字市民"的第一步便是依托数字技术，打通社会信息、政府信息、市场信息壁垒，对市民生活信息做系统、规范、合法、合理、全面地收集、整理、分析，形成兼具共性和个性的社会公共服务需求目标模型，通过模型对目标主体进行分析，进而实现将社会公共服务供给精准定位到每一类人群、每一位个人，既提高社会公共服务的质量与效率，也提高市民的幸福感和获得感。而从技术和机制方面来讲，用数字技术打通信息壁垒，需要建立一个互联互通的综合数据服务平台（数据中心），在各政府部门、各领域、各行业之间对市民生活信息实现大平台统筹（数据收集、分析、管理、输出），小端口协同（数据应用、反馈），为市民信息的收集与应用并建立目标模型建立基础。

第二，创新数字社会应用场景，积极探索各项公共服务实现新形式。数字社会的公共服务的关键特征在于"数字",如何让社会信息转为数字、让数字变成资源、让资源产生效益、让效益反馈社会,是实现数字社会要重点解决的问题。"数字市民"的理论逻辑也是如此,区别在于,"数字市民"是让效益反馈于市民个体,相对而言更加具体化。将市民信息转化为数字资源,让数字资源产生社会效益,需要以市民需求为导向,聚焦教育、医疗、养老、抚幼、就业、文体、助残、交通、文旅、安全等生活领域,积极开拓"数字市民"的具体应用场景,通过线下不同服务渠道,创新公共服务实现形式。对于线上渠道,则要以服务场景为目标,以数字技术为依托,以新型形式为载体,研发并推广各项公共服务的移动服务端,让城市市民能够随时随地获取公共服务、反映公共问题,提高居民获得感和满足感,从而才能使"数字市民"产生的效益反馈于社会,形成公共服务良性循环。

第三,完善制度政策保障与行业标准规范。"数字市民"的建设,说到底是数字技术的应用和社会服务的转型升级,其中应当重视人的需求与技术应用的关系。人与技术存在一种矛盾关系,即人的发展需要同技术应用涉及人的隐私之间的矛盾。解决矛盾的关键在于用合法的制度、合理的标准去促进和约束,实现技术可控、可预判,使技术在一个合情的形态下被引导成为人服务的工具。所以,从技术应用的角度来看,数字技术行业领域需要进一步完善基础设施建设,规范相关标准体系,加强数字隐私和安全系统建设,保证技术基础架构能够支撑服务应用、保证数据应用系统能够保护用户隐私。同时,从社会治理的层面出发,需要完善数字技术的有关法律体系和政策制度,健全管理机制,维持数字社会的竞争活力，保障市民权益，规范相关建设单位经营行为，从而为技术创新和服务升级提供有效的制度保障。当下，《中华人民共和国个人信息保护法》已出台，其中，对个人信息处理的基本原则、对政府机关与其他个人信息处理者的不同规制方式及其效果、协调个人信息保护与促进信息自由流动的关系、个人信息保护法在特定行业的适用问题、关于敏感个人信息问题、行业自律机制、信息主体权利、信息交流问题、刑事责任问题等均有明确条款规定，这有助于规范相关主体行为和技术应用方向。而其他法律配套设施以及行业标准体系也应当随之完善。

第四，从宏观层面来看，"数字市民"涵盖社会生活各方面，即在数字政府和数字经济中均有体现。"数字市民"建成后，市民的数字化身份可以在数字社会、数字政府、数字经济领域中找到一一对应之所在，但各有侧重。"数字市民"在数字社会中主要体现在多样优质的社会服务上，在数字政府领域主要体现在便捷高效的政务服务上，在数字经济领域主要体现在便利实惠的经济服务上。三者的最终目的都是提高市民生活水平、促进社会和谐稳定、促进社会经济发展。因此，"数字市民"的建设需要统筹协调建设数字社会、数字经济、数字政府的关系，全方位、多维度构建一个良好而完整的数字生态，既保证数字社会、数字经济、数字政府三者之间能够高效交融，也能使"数字市民"在其中发生积极的化学反应，最终达到"1+1+1 > 3"的效果。而构建一个整体的数字生态，除了有赖于更高组织层面的相关政策制度的完善，也有赖于市民的配合与支持。因为社会发展的核心在于"人"，人是推动社会发展的根本因素。"数字市民"的建设不仅仅是技术人员提供技术支撑、管理人员做好各种保障、服务人员提供各项服务，还必须要有市民的参与和推动。市民既是"数字市民"的重要服务对象，也是"数字市民"的建设主体。对此应该构建符合社会需求的数字素养教育框架，加强数字技能普及培训，加大数字应用的宣传，提升市民数字技能，积极营造数字文化氛围，让城市市民进一步转化为城市"数字市民"，这样既能最大化"数字市民"的建设效益，也能提高居民素养，从而进一步助推社会升级。

总体而言，"数字市民"涉及城市社会生产生活的各方面，已经深刻影响到城市社会发展和居民生活。在"数字市民"的逻辑框架和建设框架内，高效协同、数据共享、资源整合、全时共在、智能操控已经对"数字市民"的建设方向产生深远的影响。进一步探索"数字市民"的理论体系、逻辑体系和实践体系，积极打造更加完善的数字生态，实现数字技术和数字应用的全领域、全行业、全人群的社会全覆盖，推动社会向更高水平的数字化状态发展，则是未来"数字市民"建设的重点研究方向。

7.3 "数字市民"效益

7.3.1 社会效益分析

大数据作为国家战略，正日益成为推动国家治理体系和治理能力现代化的核心驱动力。数字社会是浙江省数字化改革"152"工作体系的重要组成部分，作为数字政府转型的先行者，杭州具有数字经济和数字治理的先发优势。杭州市民卡公司基于"用户、账户、支付、信用、数据"五统一平台能力以及服务载体、服务人群、大杭州区域全覆盖的服务优势，围绕民生服务，不断为杭州数字社会系统建设赋能。杭州"数字市民"的社会效益体现在四个方面。

其一，"数字市民"目标明确、社会影响巨大，可以很好地提升杭州的城市数字化水平和城市品位，树立良好的政府形象。"数字市民"要求充分运用信息化和数字化，以大数据为驱动，构建全方位、全周期的"数字市民"运营体系，使市民需求中的痛点、难点、热点、焦点问题可以被精准统计和预测，从而社会治理旧模式升级为精细化、个性化、主动化的新模式。

其二，对政府部门而言，"数字市民"要求建设统一的数据平台，可以有效整合信息数据资源，为部门业务的深入展开和宏观决策、改进工作流程和方法、促进工作方式和作风转变、提高办事效率提供有利条件。同时，"数字市民"将大大丰富杭州市数字政府建设的内涵，提高政府部门之间的协同工作能力，增强政府部门合力，提高政府组织重大项目的能力。

其三，从社会公共服务方面来看，"数字市民"建设可以进一步解决数字鸿沟问题。数字鸿沟（信息鸿沟）是由于对信息、网络技术的拥有程度、应用程度以及创新能力的差别而造成的信息落差及贫富进一步两极分化的趋势。[1]数字鸿沟的长期存在和持续扩大，会造成社会发展不平衡、利益分配不均衡，深化社会矛盾。"数字市民"的建设要求扩大数字基础设施覆盖范围、提高互联网接入质量和传输能力，从而使智慧化的公共服务不再局限于数字技术的发展和使用层面，使不同群体在同一时间、空间中可获取相同的数字

1　美国国家远程通信和信息管理局在 1999 年发布《在网络中落伍：定义数字鸿沟》报告。

资源以及公共服务，并进一步办理相关事务。通过运用大数据、云计算、区块链、物联网、人工智能等新型数字技术，"数字市民"反向深度融合交通基础设施、医疗基础设施、教育基础设施以及其他公共服务基础设施建设，加快智能化转型，实现社会公共服务的多维整合、多重叠加。

其四，杭州·市民卡是杭州市第一个大型的公共性、基础性、跨部门的信息化项目，具有一定的前瞻性、探索性。在此基础上进行"数字市民"建设，有利于建立一套科学合理的建设运营机制和方法，为其他领域的数字化改革提供建设经验。

7.3.2　经济效益分析

无论是从新型数字基础设施"综合体"维度还是市民"数字孪生体"维度，"数字市民"的建设都将带来巨大的经济效益和更大的商业价值。一方面，"数字市民"需要对市民实现感知全覆盖，通过一系列信息基础设施、融合基础设施、创新基础设施等数字感知基础设施的建设，完善通信管网、无线基站、中继设备、各级机房以及相关配套的电源、建筑等设施，不断改善"数字市民"建设的硬件基础和必备条件；同时，促进数据中心建设，简化数据中心技术设施的部署、优化与日常管理与维护，助力相关建设单位有效控制硬件成本。创新基础设施则需要在更高层面锁定战略目标，促进"数字市民"治理体制创新、管理创新相结合，坚持高目标、高起点、高要求，统一规划，分步实施，为"数字市民"建设的全面推进创造更多有利条件。这些新型数字基础设施也可为其他数字化应用项目提供支撑，从而整合有关资源，避免硬件基础的重复建设，提高数字化改革成本优势。

另一方面，数字孪生带动经济新增长。数字孪生是指充分运用物理模型、传感器、运作历史等数据，集成多学科、多物理量、多尺度、多概率的模拟仿真全过程，在虚拟空间中完成映射，进而反映相对应实体设备的生命周期全过程。[1] 数字孪生是一种数字化理念和技术手段，它以数据与模型的集成融合为基础与核心，通过在数字空间实时构建物理对象的精准数字化映射，基于数据整合与分析预测来模拟、验证、预测、控制物理实体全生命周期过程，最终形成智能决策的优化闭环。[2] 从市民数据和市民信息的采集、管理、运算到将数据转化为服务，如医疗、社保、交通等领域的大数据分析与服务转化，"数字市民"建设需要云计算、大数据、人工智能等新技术的支撑。通过"数字市民"建设，完善云计算中心、大数据中心等部署，进一步推动大数据产业的发展，推进相关产业的智能化发展进程。"数字市民"建设运营主体则可继续依托数字孪生，不断拓展业务领域，在为公共服务提供新载体的同时，不断拓展市场竞争新"蓝海"。

另外，"数字市民"身份认证系统设、市民账户体系、市民积分体系等所覆盖的数字应用场景建设的相关项目也会带来一定的经济效益。以及在互联网金融的项目延伸方面，其商业价值也待进一步开拓。从间接经济效益上看，杭州·市民卡作为杭州市一个社会公益性、服务性、非经济性项目，"数字市民"建设会对社会经济

1 GRIEVES M.Digital twin:manufacturing excellence through virtual factory replication[R].2014.
2 来源于《数字孪生技术应用白皮书（2021）》。

活动有一定影响，"数字市民"服务及其配套场景建设会带动一定的间接（潜在）经济效益产生。

一是通过"数字市民"以及杭州·市民卡体系的建设，将大大提升杭州市的城市综合数字治理能力，提升城市公共服务的智能化、数字化水平，改善市民的生活、工作、学习、娱乐的环境，从而发挥"催化剂"的作用，间接改善社会环境和经济发展环境，促进杭州经济发展。

二是通过"数字市民"建设，可以大大提升政府社会管理和公共服务体系的数字化水平，实现政府部门信息资源的共享利用，增加社会治理的科学性、公共服务的高效性，从而减少因部门信息不共享而造成的部分政府效能的损失，减少保险金、救助金、补贴等政府专项资金的虚报冒领现象发生。

三是"数字市民"的建设将政府相关部门的互联网基础设施统一建设、共享使用，在极大程度上避免了因部门独立建设而造成的重复投资浪费，从而降低总体建设成本，减少财政浪费。

四是系统的建设将直接带动杭州相关信息产业的发展。杭州是软件产业发展城强的地区，有看众多的国内著名软件公司，"数字市民"建设为杭州互联网科技公司提供良好的机遇，必定大大推动其快速发展。

7.3.3　市民卡扩展效益分析

（1）综合利用基础设施

杭州·市民卡建设数据中心、网络系统、交换平台、灾备中心等互联网基础设施，该类设施除了为"数字市民"建设服务之外，可通过"数字市民"相关系统的可拓展性，使其他数字化应用场景共用相关资源，从而避免重复建设，进一步节约智慧城市建设成本。

（2）提供辅助决策功能

市民基础信息资源的交换，首先是为各个政府部门面向市民的管理和服务业务提供非常重要的共享数据资源，方便市民办理事务、享受服务。同时，通过交换，市民信息服务中心将形成一个完整、统一、一致的市民个人身份基础信息数据库，形成个人业务基础信息数据库，以及卡应用数据库，公共查询数据库，这类数据除了解决市民卡项目基本的业务需求之外，能够带来的显然的拓展应用之一就是基于数据仓库、数据挖掘技术的辅助决策服务。

基于上述的数据资源挖掘分析，面向杭州市委、市政府领导和部委办局各级领导的可以提供的辅助决策信息有：杭州市民基本状况分析结果，包括性别、年龄、婚姻、民族、户籍、就业等静态分析结果、动态变化趋势、各因子关联关系等；杭州市民各类业务关联分析结果，例如残疾人就业状态分析，教育程度与婚姻状态关系分析，不同就业人群个人所得税缴纳情况分析，个体工商户中养老保险、医疗保险的参保比率，学龄前儿童各街道、社区分布图等。

（3）建立城市信用服务体系

市民卡建设的市民个人身份基础信息数据库、个人业务基础信息数据库是一批庞大的资源，除了辅助政府决策之外，其应用还包括建立市民征信服务系统，并提供授权范围的信用服务；同时，市政府的企业数据交换也可以逐步形成企业征信服务体系，从而助力建设完整的社会征信体系。

在市民个人身份基础信息数据库、个人业务基础信息数据库中，除了一个非常完善可靠的个人身份数据之外，还可以逐步积累个人在政府部门办理各项事务的信用数据，包括受教育情况、个人职业情况、就业单位情况、健康状况（医院就诊就医情况）、各类社保基金征缴情况、个人工资数据、个人所得税缴纳情况、是否为公司股东/法人数据、是否为个体工商户数据、甚至于违法违规记录等，同时可以联合商业银行、保险公司等金融机构，最终建设杭州市民个人信用系统，通过一定的法律规范授权，服务于政府，服务于社会。

第8章 "数字市民"应用场景

　　杭州·市民卡应用场景及其体系产品可升级为"数字市民"的应用场景，但"数字市民"应用场景并不仅限于此。在未来，"数字市民"的数字孪生属性可进一步与智慧城市建设相融合；其新型数字基础设施"综合体"属性可与共同富裕中的"未来社区"建设相融合；其自身组成要素也能有效支撑数字人民币的落地与推广。因此，本章节从智慧城市、未来社区、数字人民币这三方面探讨未来"数字市民"的应用场景。

8.1 "数字市民"与智慧城市

8.1.1 政策背景

　　智慧城市的概念，最早可追溯到 2008 年国际商业机器公司（International Business Machines Corporation，IBM）在美国纽约发布的"智慧地球：下一代领导人议程"主题报告。智慧城市发展的序幕由此拉开，我国也随之开启智慧城市建设试点工程。2012 年 11 月，我国发布《住房城乡建设部办公厅关于开展国家智慧城市试点工作的通知》，印发试点暂行管理办法和指标体系，并于 2013—2014 年之间相继发布三批试点工程，试点数量达到 290 个，标志着我国智慧城市建设进入初步探索阶段。2014 年 8 月，由国家发展改革委牵头研究制定的《关于促进智慧城市健康发展的指导意见》，是我国第一份对智慧城市做出全面部署的权威文件，将智慧城市建设规划上升到国家战略层面。2015 年，将"智慧城市"和"互联网+"行动计划首次写入国家层面的政府工作报告。2016 年 3 月，中华人民共和国国民经济和社会发展第十三个五年规划纲要提出建设新型智慧城市。2017 年 10 月，党的十九大提出建设网络强国、数字中国和智慧社会等概念。2020 年以来，我国智慧城市建设不断深入，各地纷纷结合自身实际进行相关探索，比如 2021 年 2 月，浙江省委召开全省数字化改革大会，全面部署省内数字化改革工作，推动智慧城市发展和落地。

我国智慧城市的概念最早由我国的住房城乡建设部提出，到 2014 年，国家发展和改革委员会、工信部、科技部、公安部、财政部、自然资源部、住房城乡建设部、交通运输部八部委从数字化与技术的角度对其进行明确定义：智慧城市是运用物联网、云计算、大数据、空间地理信息集成等新一代信息技术，促进城市规划、建设、管理和服务智慧化的新理念和新模式。[1] 由于智慧城市涵盖范围广泛、内容体系繁杂，目前尚未形成统一的标准。

机构	"智慧城市"定义	来源
IBM	运用信息和通信技术手段感测、分析、整合城市运行核心系统的各项关键信息，从而对包括民生、环保、公共安全、城市服务、工商业活动在内的各种需求做出智能响应，为人类创造更美好的城市生活。	"智慧的城市在中国"主题报告

---

[1] 国家发展和改革委员会.关于促进智慧城市健康发展的指导意见的通知（发改高技〔2014〕1770 号）[EB].2014.

续表

机构	"智慧城市"定义	来源
住房城乡建设部	智慧城市是通过综合运用现代科学技术、整合信息资源、统筹业务应用系统，加强城市规划、建设和管理的新模式。	《住房城乡建设部办公厅关于开展国家智慧城市试点工作的通知》
国家八部委	智慧城市是运用物联网、云计算、大数据、空间地理信息集成等新一代信息技术，促进城市规划、建设、管理和服务智慧化的新理念和新模式。	《关于促进智慧城市健康发展的指导意见》
欧盟委员会	智慧城市既重视信息通信技术的发展，又重视知识服务和基础应用的质量；既重视对资源的智能管理，又重视参与式、智能化的治理方式，多方面推动经济可持续发展和提高市民生活的更高品质。	*Smart Cities Ranking of European Medium-sized Cities*
中国信息通信研究院	新型智慧城市是新时代贯彻新发展理念，立足于我国信息化和新型城镇化发展实际，全面推动新一代信息通信技术与城市发展深度融合，引领和驱动城市创新发展，提升城市治理能力和现代化水平，形成智慧高效、充满活力、精准治理、安全有序、人与自然和谐相处的城市发展新形态和新模式。	《新型智慧城市发展与实践研究报告》
维基百科	智慧城市（Smart City）是指利用各种信息技术或创新意念，集成城市的组成系统和服务，以提升资源运用的效率，优化城市管理和服务，以及改善市民的生活质量。	维基百科网站

注：资料由浙大城市学院城市大脑研究院整理。

8.1.2 场景应用

智慧城市是城市未来的发展方向，其主要是城市内显现出智能化、网络化的特征。从功能上看，"智慧城市"可以整合现代都市的主要功能和基本结构，并将软件和信息资源进行有效的整合，在智慧政务、智慧医疗、智慧交通、智慧教育、智慧安防、智慧文旅等城市公共服务领域，有效实现"一键通""一点通""一卡通"等城市综合服务。在智慧城市建设方面，杭州近年来不断完善信息基础设施，加快平台建设应用，推动数据资源融合共享，形成以数据体系为核心的智慧城市新基础设施。杭州利用数字化技术加强民生、城管、交通、环保、网络空间等领域治理，基本建成智慧化城市治理体系。

智慧城市作为当今世界城市发展的新理念和新模式，仍是世界各国普遍关注的焦点。经过多年探索和实践，当前的中国智慧城市建设已逐步从"是什么""要不要"的理论研讨，进入"如何建设"的规划、试点和实施阶段。而市民卡作为市民办理个人社会事务和享受城市公共服务的信息化载体，一般具备身份识别、电子支付、电子凭证和信息查询等功能，它对于促进智慧城市的建设和运营起到积极作用，这是由市民卡的基本内涵所决定的。

"数字市民"是进一步推进杭州全方位建设智慧城市的重要突破口。通过已有的人群全覆盖、线上线下应用全覆盖（载体全覆盖）、大杭州服务全覆盖（地域全覆盖），以及区块链、大数据、云计算、人工智能等新型数字技术，有机链接杭州城市公共数据元，构建覆盖城市的"全面感知网"。在城市治理、产业服务、民生服务等公共领域，依托杭州·市民卡体系，"数字市民"可优化完善智慧城市建设基础设施配套，提高智慧城市的存量处理效率，转变城市传统运行方式；推动城市的不同服务领域智能化发展，促进治理效益提升和产业升级。如通过"数字市民"建设，推动电子商务平台建设和各项信息技术应用落地，加快建立完善的服务体系和全民信用管理体系；通过加快智慧化生活普及，在关键民生领域，搭建起"全覆盖"信息化运营服务体系；通过完善以"两库三平台"为核心的教育信息化创新发展体系，促进跨时空在线学习，推动信息化对教学模式、学习方式的革命性变革。因此，"数字市民"建设有助于"智慧城市"上升到更高的台阶。

8.2 "数字市民"与共同富裕

8.2.1 政策背景

"共同富裕"这一概念最早出现在 20 世纪 50 年代中共中央通过的《关于发展农业生产合作社的决议》。党的十八大以来，从十九大报告提出的"两步走"发展战略到十九届五中全会的中华人民共和国国民经济和社会发展第十四个五年规划（简称"十四五"规划），党中央提出了一系列关于共同富裕的举措和构想。2021 年 6 月 10 日，《中共中央 国务院关于支持浙江高质量发展建设共同富裕示范区的意见》发布，浙江被赋予了先行探索高质量发展建设共同富裕示范区的重大使命。2021 年 8 月 17 日，习近平主持召开中央财经委员会第十次会议，他在会上特别强调，要抓好浙江共同富裕示范区建设。杭州作为"三个地"和"重要窗口"省会城市，2021 年 7 月 29 日在市委十二届十二次全会上正式对外发布《杭州争当浙江高质量发展建设共同富裕示范区城市范例的行动计划（2021—2025 年）》，提出率先探索破解新时代社会主要矛盾的有效途径，率先形成共同富裕的体制机制，不断开创"大杭州、高质量、共富裕"的发展新局，争当浙江高质量发展建设共同富裕示范区的城市范例。

共同富裕相关会议/文件	时间	相关表述
十九届五中全会	2020 年	全体人民共同富裕取得更为明显的实质性进展
省部级主要领导干部学习贯彻党的十九届五中全会精神专题研讨班开班式	2021 年	要统筹考虑需要和可能,按照经济社会发展规律循序渐进,自觉主动解决地区差距、城乡差距、收入差距等问题,不断增强人民群众的获得感、幸福感、安全感
《中共中央 国务院关于支持浙江高质量发展建设共同富裕示范区的意见》	2021 年	紧扣推动共同富裕和促进人的全面发展等,围绕构建有利于共同富裕的体制机制和政策体系,提出 6 方面、20 条重大举措
《浙江高质量发展建设共同富裕示范区实施方案(2021—2025 年)》	2021 年	率先基本建立推动共同富裕的体制机制和政策框架,努力成为共同富裕改革探索的省域范例
《杭州争当浙江高质量发展建设共同富裕示范区城市范例的行动计划(2021—2025 年)》	2021 年	率先探索破解新时代社会主要矛盾的有效途径,率先形成推动共同富裕的体制机制
中央财经委员会第十次会议	2021 年	共同富裕是社会主义的本质要求,是中国式现代化的重要特征,要坚持以人民为中心的发展思想,在高质量发展中促进共同富裕
十九届六中全会	2021 年	促进共同富裕

注:资料由浙大城市学院城市大脑研究院整理。

  未来社区作为共同富裕现代化的基本单元,是推动共同富裕从宏观到微观落地的重要载体,既是共同富裕示范区建设的"细胞",

也是共同富裕示范区建设的"缩影"。[1] 2019 年，浙江省政府工作报告首提"未来社区"，并出台《浙江省未来社区建设试点工作方案》。2021 年 2 月，浙江省委书记袁家军在主持召开的未来社区试点建设工作座谈会上强调，要"把未来社区建成以人为核心的现代化基本单元和人民幸福美好家园"。2021 年 10 月，袁家军在文章中再次强调，"努力将示范区建设目标任务转化为群众生活家园的功能场景，推动共同富裕从宏观到微观落地"[2]。

未来社区相关会议/文件	时间	相关表述
《国家新型城镇化规划（2014—2020 年）》	2014 年	明确未来城镇化的发展路径、主要目标和战略任务
《中共中央 国务院关于加强和完善城乡社区治理的意见》	2017 年	城乡社区治理体系、治理体制和治理能力、公共服务、公共管理、公共安全等
《浙江省政府工作报告》	2019 年	未来社区首次被写入《政府工作报告》
《浙江省未来社区建设试点工作方案》	2019 年	明确了未来社区建设试点目标定位、任务要求、组织实施、措施保障，未来社区"139"系统框架正式形成
《浙江省人民政府办公厅关于高质量加快推进未来社区试点建设工作的意见》	2019 年	创新突破政策供给、充分挖掘政策潜力，确保试点项目高性价比落地。全方位、突破性指引，让未来社区试点建设"放开手脚"

1　庞超飞.打造共同富裕现代化基本单元路径研究——以安吉县余村未来社区项目为例[J].江南论坛，2021（12）：10-11.

2　袁家军.扎实推动高质量发展建设共同富裕示范区[J].求是，2021（20）.

续表

未来社区相关会议/文件	时间	相关表述
《杭州市人民政府办公厅关于高质量推进杭州市未来社区试点建设的实施意见》	2019 年	主要内容包括总体要求、创建程序、政策支持、保障措施四个部分
《关于高质量打造未来社区公共文化空间的实施意见》	2020 年	主要内容包括总体要求、空间形式、建设要求、管理运行、保障措施等五个方面，解决未来社区公共文化空间怎么建、怎么管、怎么用的问题
《浙江省未来社区试点建设管理办法（试行）》	2020 年	为指导未来社区有效建设设立明确一系列规范要求
浙江省委十四届九次全体（扩大）会议	2021 年	要着力建设共同富裕现代化基本单元，全省域推进城镇未来社区、乡村新社区建设，让共同富裕惠及群众
中共杭州市委第十二届委员会第十二次全体会议决议	2021 年	要做实基本单元，高水平推进未来社区、乡村新社区建设

注：资料由浙大城市学院城市大脑研究院整理。

8.2.2 场景应用

"数字市民"建设与"未来社区"建设是一个双向互补的关系。未来社区建设要求"围绕不同类型居民的日常生活消费需求和行为活动特征，构建适宜的、特色化的场景，并鼓励多元包容开放的文化表达，激发和培养居民的创造力、自我表达欲望与参与意识"。从数字化角度，就需要立足数字化的全面覆盖，将数字化改革因素作为场景打造的重要变量，推动现实与虚拟场景有机结合。

"数字市民"将高效推动未来社区场景理念完善和迭代升级从而建立在现实世界、移动智能设备、社交媒体、大数据、传感器、定位系统、智能城市模型之上的整合式体验，充分促进现实空间与虚拟空间在场景建设中的系统融合，从而打破壁垒，实现虚拟与现实、居民与居民、社区与居民、居民与城市之间的互联互通。如通过"数字市民"的大数据管理和全周期服务，整合社区内各个复杂系统和各类资源要素，完善全生活链和全功能链，助力打造"邻里互助生活共同体"（未来邻里场景）、"终身学习教育综合体"（未来教育场景）、"全民康养健康保障体"（未来健康场景）、"畅快出行交通衔接体"（未来交通场景）、"优质生活智慧服务体"（未来服务场景）等，进一步打造美好生活蓝图。

"未来社区"的九大应用场景的全方位覆盖，以及智慧一体化体系建设，能够打造出一个完整且相对独立的居民生活生态，使居民的生活动态和服务需求能在较小的空间范围内得以直接可视化呈现。未来社区建设需要运用大数据、人工智能、云计算、区块链、物联网等一大批数字科技，着力探索智慧教育、智慧交通、智慧医疗、数字治理、智慧物业等应用场景，在具体场景上进一步实现虚拟与现实、居民与社区、社区与城市之间的互联互通。这既可以为"数字市民"的实施落地提供数据支撑和实践载体，也能助力于"数字市民"完善核心要素与内涵，深层次解决数字鸿沟、信息壁垒、信息不对称等问题，在社会治理需求和公共服务需求中实现政府服务机制、市场供给机制与社会需求机制的良性互动以及有序衔接。

8.3 "数字市民"与数字人民币

8.3.1 政策背景

数字人民币是我国的金融基础设施，是法定数字货币。它的研发,一是为了顺应货币的发展规律,从实物贵重金属货币到纸币,再到未来的数字货币,这是不可阻挡的货币金融发展潮流;二是超主权货币 Libra 所带来的威胁和隐患,加速人民币国际化进程,有望重塑国际货币、金融和贸易结算体系;三是公众对数字支付需求的不断提高,尤其是新型冠状病毒肺炎疫情防控期间,无接触支付成为公众首选。

2014 年,中国人民银行成立发行法定数字货币研究小组。2017 年末,经国务院批准,中国人民银行组织部分实力雄厚的商业银行和有关机构共同开展数字人民币体系的研发。2020 年 4 月,央行开始在深圳、苏州、雄安、成都及北京冬奥会场景开展数字人民币试点测试,同年 10 月又增加上海、海南、长沙、西安、青岛、大连 6 个新试点地区。"十四五"规划中也提及要"稳妥推进数字货币研发",可见数字货币的研发和数字人民币的推广普及将会成为未来关系国计民生的一件大事。根据中国人民银行发布的数据,截至 2021 年 12 月 31 日,数字人民币试点场景已超过 808.51 万个,累计开立个人钱包 2.61 亿个,交易金额达 875.65 亿元。[1]

2020 年 8 月,《全面深化服务贸易创新发展试点总体方案》明确提出在京津冀、长三角、粤港澳大湾区及中西部具备条件的地区开展数字人民币试点,其中全面深化试点地区包括杭州在内的 28 个省市(地区)。借此,全国各地积极争取人民币应用试点,其中,2021 年 3 月,浙江发布《浙江省金融业发展"十四五"规划》(征求意见稿),提出要深化移动支付之省建设,包括争取数字人民币

---

[1] 数据来源:2022 年 1 月 18 日,国务院新闻办公室举行 2021 年金融统计数据新闻发布会。

应用试点，鼓励和引导浙江省相关企业参与数字人民币生态系统建设和延伸产业的研究开发，同时要大力推进数字支付在全社会领域的广泛应用。

2022年3月31日，中国人民银行召开数字人民币研发试点工作座谈会，明确将浙江省承办亚运会的6个城市，即杭州、宁波、温州、湖州、绍兴、金华纳入新一批数字人民币试点城市。

时间	部门/机构	政策文件	内容提要
2020年	中华人民共和国商务部	《全面深化服务贸易创新发展试点总体方案》	在京津冀、长三角、粤港澳大湾区及中西部具备条件的试点地区开展数字人民币试点。中国人民银行制定政策保障措施；先由深圳、成都、苏州、雄安新区等地及未来冬奥场景相关部门协助推进，后续视情扩大到其他地区
2020年	国务院	《中国（北京）自由贸易试验区总体方案》	支持中国人民银行数字货币研究所设立金融科技中心，建设法定数字货币试验区和数字金融体系，依托中国人民银行贸易金融区块链平台，形成贸易金融区块链标准体系，加强监管创新
2020年	中共中央办公厅、国务院办公厅	《深圳建设中国特色社会主义先行示范区综合改革试点实施方案（2020—2025年）》	支持开展数字人民币内部封闭试点测试，推动数字人民币的研发应用和国际合作
2021年	中共中央	《中华人民共和国国民经济和社会发展第十四个五年规划和2035年远景目标纲要》	稳妥推进数字货币研发，积极参与数据安全、数字货币、数字税等国际规则和数字技术标准制定

续表

时间	部门/机构	政策文件	内容提要
2021年	中共中央、国务院	《中共中央 国务院关于支持浦东新区高水平改革开放 打造社会主义现代化建设引领区的意见》	构建贸易金融区块链标准体系,开展法定数字货币试点
2021年	浙江省政府	《浙江省金融业发展"十四五"规划》	积极争取数字人民币试点,大力推进数字支付在全社会的广泛应用
2021年	商务部、中央网信办、国家发展改革委	《"十四五"电子商务发展规划》	稳妥推进数字货币研发,探索数字人民币在电子商务领域的支持作用

注:资料由浙大城市学院城市大脑研究院整理。

综合国际货币基金组织和英格兰银行对央行数字货币的定义,"央行数字货币是一种由央行发行的电子形式的法定货币,可以广泛地被个人和企业用于支付,且具备一定的可编程性或支持智能合约"。2021年7月,中国人民银行发布的《中国数字人民币的研发进展白皮书》中对数字人民币的定义如下:"数字人民币是人民银行发行的数字形式的法定货币,由指定运营机构参与运营,以广义账户体系为基础,支持银行账户松耦合功能,与实物人民币等价,具有价值特征和法偿性。[1]"

8.3.2 场景应用

"数字市民"的基础构成要素之一是"市民账户"。"市民账

---

1 中国人民银行数字人民币研发工作组.中国数字人民币的研发进展白皮书[R].北京:中国人民银行,2021.

户"需要整合社保卡账户、市民卡账户、银行账户、电子钱包等功能，通过身份认证，打通公共服务渠道，推进公共服务的全覆盖和精准化。杭州"数字市民"的"市民账户"已实现捆绑银行账户，可支撑银行卡部分业务、公共事业缴费、公共基金发放、医保、交通、金融以及其他消费场景应用。

消费场景应用是数字人民币业务推广落地的关键。与市民日常生活关联度较大的数字人民币消费场景主要涉及C端、B端、G端的消费支付领域。C端场景涵盖生活休闲、餐饮美食、医疗健康、交通出行等市民日常生活领域；B端把数字人民币贯穿于企业综合业务中，以现金流带动信息流、数据流，成为推动产业数字化的切入点；G端主要是政府介入场景，主要是数字人民币在政务方面的应用，如拓展政务民生场景，将数字人民币与公用缴费、工资发放、公益活动等场景相联系。在国内移动支付已较为成熟和普遍的情况下，应进一步扩大数字人民币的应用场景覆盖，通过完善数字人民币的技术应用和功能研发，创新数字人民币应用模式，才能进一步强化数字人民币的普惠性和便捷性，将"尝鲜用户"变成"高黏性用户"。

杭州市民卡管理有限公司于2013年1月获得中国人民银行颁发的支付业务许可证，具有第三方支付牌照。数字人民币同第三方支付是两个维度，数字人民币是钱、是工具，而第三方支付可以作为它的载体和基础设施，两者并非竞争关系。艾瑞咨询发布的《2021年中国数字人民币发展研究报告》指出，数字人民币可助力拓展C端、B端的业务范围。对于C端支付业务，第三方支付机构在场景拓展和用户习惯培养方面已积累优势，通过差异化竞争，将电子支付的技术积累和成功经验迁移,可以放大自身优势来获取更多的用户,并将用户引流至其他核心业务从而获得盈利机会。对于B端收单业务,第三方支付机构可以通过接入数字人民币服务来拓展到此前未覆盖的商户,尤其是大中型企业。另外,数字人民币支付资金流与信息流统一,或将释放清算侧占据的收益,为收单业务预留更多盈利伸展的空间,并通过数字人民币和其他渠道的收单业务获取利润。相应地,借助商户拓展的契机,第三方支付机构还可以此切入该商务服务领域,为其提供"支付+"的全链式、多元化服务。[1]

"数字市民"对于数字人民币在杭州的推广落地有较大的促进作用。在城市中,"数字市民"能做到人群、载体、地域三个全覆盖,同时依托现有市民账户所涉及的领域,在市民日常生活中可实现支付场景全覆盖。因此,以"数字市民"为依托,以杭州·市民卡体系为重要载体,可加速"数字市民"在杭州的推广落地。例如,加速数字人民币钱包的技术升级,通过"数字市民"的精准画像,为有需要的人群或组织开通专享数字人民币钱包,实现政府补贴和专项资金的精准投放。数字人民币在杭州的推广需要扩大应用场景覆盖面,实现杭州试点区域内的应用场景全覆盖。通过"数字市民"中市民卡体系,有利于快速探索与经济社会相适应的数字人民币应用新模式,从而高效率、全方位打造杭州数字人民币生态体系。在未来,"数字市民"在宏观层面也有助于拓宽数字人民币在城市低碳生活、智慧城市、普惠金融等公共主题应用场景,以及数字政府、数字经济、数字社会等数字中国战略应用场景的覆盖面,高效促进数字人民币与社会生活的有机融合。

---

1 来源于艾瑞咨询的《2021年中国数字人民币发展研究报告》。

第 9 章 未来展望

如何进一步推动杭州·市民卡的数字化转型？如何拓展杭州"数字市民"应用场景？如何推动"数字市民"产业化发展？这是杭州·市民卡在未来需要解决的三个主要问题，也是杭州深入实践产业数字化、数字产业化、城市数字化"三化融合"的重要途径之一。从不同的主体、角度出发，实现"数字市民"产业化发展，推动"数字市民"建设落地，才能有助于实现数字政府建设的政府效益最大化、数字社会建设的社会效益最大化，以及数字经济建设的经济效益最大化。

9.1 杭州·市民卡展望

杭州·市民卡体系可作为杭州"数字市民"的建设基础。全面完善市民卡的功能，升级市民卡服务载体，提高杭州市民卡管理有限公司在不同领域的服务能力、运营能力、研发能力，对于杭州"数字市民"的全覆盖具有深远意义。

9.1.1 完善基本公共服务功能

杭州市民卡体系在发展过程中，应当首先保障基本公共服务多方面功能的应用，其次追求盈利，达到公司自主运营。杭州市提出的基本公共服务应用场景包括幼有所育、学有所教、劳有所得、住有所居、文有所化、体有所健、游有所乐、病有所医、老有所养、弱有所扶、行有所畅、事有所便等 12 个方面。杭州·市民卡要在市民需求和政策推动下，把基本公共服务功能作为核心，建立起基本公共服务功能框架，最大程度实现基本公共服务全民覆盖、均等享有以及精准供给。相关公共服务内容应当覆盖 12 个基本应用场景，而市民卡基础功能所包含的身份认证，社会保险（医疗保险、养老保险、失业保险、工伤保险、生育保险），社会救济，福利优抚等内容，则需进一步细分并强化。杭州·市民卡要融合市民卡基础功能建设和数字社会基本应用场景建设，以实体卡承载学习生活、交通出行、消费支付、政务办理等服务功能，以杭州·市民卡 APP 以及其他线上智能终端承载相关个人资质信息查询、公共服务公告与查询、政务办理指南等信息服务，实现线上线下全方位服务、全周期服务。从基本公共服务功能入手，能为政府和市民带来更大的实际效益，从而赢得广大市民的支持与信赖。

杭州·市民卡体系创造了政府与金融结构的合作机会。杭州·市民卡不仅顺应了信息技术与城市管理需求相结合的社会发展潮流，而且契合了快速推进金融 IC 卡规模化应用、银行卡产业升级的历史机遇。金融机构的参与，有利于建设完备的市民卡服务体系。杭州·市民卡以"便民、利民、为民"为宗旨，一方面，金融机构经过长期的发展，具有服务网点多、金融自助终端分布范围广、应用环境安全等特点，是市民卡便民服务体系必不可少的一部分，同时，市民卡的支付和结算功能更离不开金融机构的支持。另一方面，市民卡项目对于金融机构而言，具有非常大的吸引力。通过市民卡可以快速获取广大的用户群体，并且借助于市民卡项目的政府政策支持力度，开展与交通部门和其他行业合作伙伴的密切合作，将金融IC卡渗透到市民"吃、住、行、游、购、娱、医"的各个生活领域，将帮助金融机构占领资源共享的先机和资源整合的制高点，把握形成互联网金融和其他创新金融业务的契机。金融机构参与市民卡建设项目和运营服务，将会提供持续运营服务的支撑。

9.1.2 深度参与公共服务建设

杭州·市民卡是一张"地方政府"卡，是由杭州市人民政府发放给杭州市民用于办理个人相关社会事务和享受公共服务的集成电路卡。由于政务服务具有一定的敏感性，所以在信息化过程中，传统互联网公司很难直接参与其中。而杭州市民卡管理有限公司是杭州市政府下的国资企业，并受杭州市政府委托负责杭州·市民卡的发行、运营和业务拓展工作，因此，杭州市民卡管理有限公司以及杭州·市民卡体系建设在实践中的公共服务具有较大的政府公信力。杭州市民卡管理有限公司已在杭州市"最多跑一次"改革中发挥了重要作用，并在全省范围内产生了积极影响。随着数字化改革的持续推进，目前全国各省（区市）政府政务改革都围绕"数字政府"建设进行，杭州市民卡管理有限公司要进一步主动参与政务改革，基于杭州·市民卡所积累的市民数据信息，与政府一起合作建设政务信息系统。

市民卡相较于身份证，在身份认证的基础上可以存储更多的信息，可以为个人和企业办事减少材料、政府审核信息提供不少便利。因此，在参与具有政府公信力的公共服务建设时，可运用5G网络具有的数据速率高、延迟少、成本低、能源消耗少等优势，将它应用于市民卡的项目将大幅提高数据传输速度，减少网络延迟，优化电子市民卡的用户体验，为政府提供更佳的数据支持。应充分运用大数据、5G、区块链等技术，是探索整合和共享市民数据信息资源的最新方法。另外，杭州市民卡管理有限公司可以在建立安全有保障的基础信息数据库的基础上通过自身研发、与高校合作、服务外包等方式提升市民卡项目自身的创新能力和综合服务能力。

杭州·市民卡体系以本地居民为服务对象，坚持以人为本、民生优先，以信息化为载体主动遵循并及时响应市民的需求和意见，促使政府为提高人民群众生活水平和生活质量而服务。市民卡可借助信息技术将市民融入城市管理体系，有效促进建立政府主导、市民参与的多元共治模式，提高政府工作效率和政府服务职能转变。通过发行市民卡和市民卡的日常应用，可逐步形成一个数据鲜活的人口信息数据库，利用居民信息数据库中的基本信息以及市民卡活动所产生的个人信息，对所辖范围内的人口各种特征进行统计和分析，以形成准确的决策支持数据，为政府的各项决策，包括智慧城市的规划设计及建设提供强大的数据支持和辅助保证。[1]因此，杭州·市民卡最重要的是与政府各部门数据实现高效互联互通：首先，需要完善市民基础信息数据库，在日常提供服务的同时，收集、更新数据；其次，需要积极对接政府其他公共服务数据库，包括居民健康信息系统，社保卡、养老服务公共信息平台，劳动就业应用平台，劳务合作信息共享平台等，同时做好数据整理、比对工作，使得基础信息的新增与修改同步更新，保证市民个人基础信息的准确性和完整性，并及时反馈给政府各个部门及相关单位。

除此之外，杭州·市民卡APP也可作为政府服务对外宣传窗口，

---

1 张宁英.市民卡成为智慧城市的必然选择[J].荆楚理工学院学报，2015，30（1）：84-87.

它相较于实体市民卡而言多了信息展示的窗口和平台。因此，政府可以借助该平台提升服务效率和质量。比如，可以建立有关扶贫、社会福利、社会救济、社会优抚安置等工作的专门窗口，引导市民关心、帮助弱势群体。再如，不少企业都面临着找人难的难题，杭州市民卡管理有限公司与社会保障人力资源等部门联系密切，可以建立一个就业专栏，为企业发布就业信息，适当收取手续费；同时进行资质核查，去除中间商环节，为市民提供真实有效的就业信息，提升就业率。

虽然现在各地数字化改革进行得如火如荼，但各部门以满足各自业务需要为基础，在众多商业公司的配合与推动下，建立了众多独立的信息应用系统，如同一个个独立的逻辑"小烟囱"。而市民卡可以为打破这种不同部门间的"烟囱"提供业务推动和信息安全保障。一方面，市民卡可通过新建、改造、整合各类与市民办理个人社会事务相关的政府部门信息系统，构筑市民信息数据交换、共享的基础信息平台，将分散在各部门的基础数据进行有效整合，实现"资源共享、协同服务"，从而打破由目前部门信息分隔造成的信息化发展瓶颈，消除"信息孤岛"，为智慧城市的建设走向深入发展打下良好的基础。另一方面，市民卡遵循金融行业、劳动和社会保障部、建设部和公安部等相关的业务规范与技术标准，采用统一开放的系统平台，确保数据的可靠性、完整性，并提供多种接口方式，可以确保市民卡核心业务系统与共建单位各种外围系统的顺利对接。市民卡在数字化与信息化融合等背景下，通过IC卡等科学技术手段，对城市的资源、环境、基础设施、产业等多方面要素进行监测和全面感知，并整合构建协同共享的城市信息平台，对感知数据进行融合、分析和处理，为政府城市管理和公共服务提供智能决策依据及手段，为企业和个人提供智能信息资源及开放式信息应用平台，促进城市各关键系统和谐高效地运行。

9.1.3　提升公司公共服务能力

公司技术部门要保证市民卡功能运行流畅、信息结构清晰、产品安全可靠，形成持续畅通的沟通机制不仅能增进互动，共同寻找解决问题的途径，增强双方理解，更能够及时发现公共服务的机遇与潜在风险，为应对未来做好充足的准备。杭州市民卡管理有限公司可以定期在其相关APP内开展问卷调查、设立专门的反馈窗口，根据用户的反馈优化实体市民卡和杭州·市民卡APP。

1. 数据管理与应用

数据管理是利用计算机硬件和软件技术对数据进行有效的收集、存储、处理和应用的过程。其目的在于充分有效地发挥数据的作用。实现数据有效管理的关键是数据组织。随着计算机技术的发展，数据管理经历了人工管理、文件系统、数据库系统三个发展阶段。在数据库系统中所建立的数据结构，更充分地描述了数据间的内在联系，便于数据修改、更新与扩充，同时保证了数据的独立性、可靠性、安全性与完整性，减少了数据冗余，故提高了数据共享程度及数据管理效率。

现阶段，杭州·市民卡的大数据能力主要体现在通过对业务数据的分析计算与建模，实现数据辅助决策、数据驱动业务的目标；构建高效的大数据平台，根据实际场景构建解决业务痛点的数据应用，并且已经形成数据运营能力、基础标签能力、数据采集能力、可视化数据分析管理能力等四大基础能力。

四、战略分析与决策

三、精细化业务分析

二、数据报表与可视化

一、数据基础平台

战略
决策

以业务为主题可
视化分析

标准化可配置数据报表与
直观可视化

数据采集SDK、数据平台、数据
规范、数据仓库

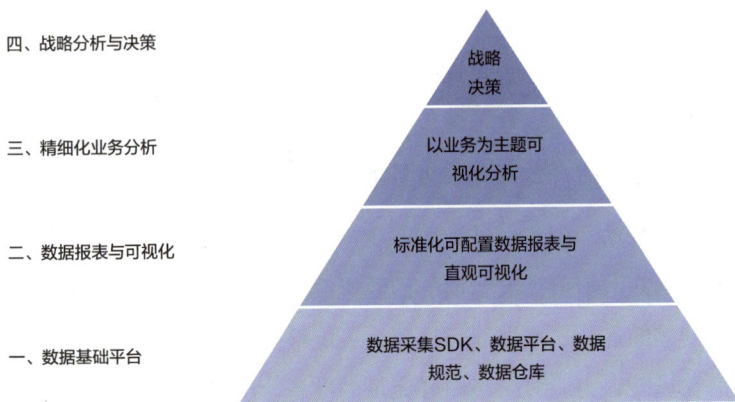

杭州·市民卡数据分析体系

　　杭州·市民卡大数据已具有数据户平台、用户洞察、风险模型三大产品体系。数据平台汇聚各系统数据，形成统一数据标准及快速大量关联计算；用户洞察主要进行用户全生命周期管理、360度用户精准画像、意向分层营销；风险模型通过加密用户标识，特征标签化，建设可靠模型。数据平台曾存在技术陈旧、运行繁重、数据孤岛严重、数据维度单一、扩展性差、扩展维护成本高等问题；用户洞察曾存在自有数据未高效利用，无客户画像或画像单一，营销工具不灵活、无闭环、无法指导二次营销，获客成本居高不下等问题；风险模型曾存在数据市场混乱，源头不可信，风控模型无法找到准确率提升的有效特征，风控规则单一，无法有效控制逾期率等问题。通过前沿大数据生态技术体系、大量数据多维高速计算、集群统一可视化管理、数据全维度梳理、完整数据监控及营销分析工具辅助业务提升转化、数据脱敏、个性化建模等，这些问题得到了有效解决。

随着用户数据的不断增加以及用户需求的扩大，金融理财、信用小贷、医疗健康、交通、消费、移动支付等的要求也就不断得到提高。因此，杭州·市民卡在数据管理和应用方面应当做进一步升级，优化大数据的能力，从而使市民卡数字能力能够支撑杭州数字化改革，满足"数字市民"的建设需要。

2.产品开发与管理

应用场景以及相关产品的服务质量直接影响到市民卡体系的进一步发展，产品的研发管理则直接影响到场景的服务质量与服务效率。对于市民卡体系产品的研发，杭州市民卡管理有限公司要进一步对社会需求、关键技术、研发环境、研发成本等做可行性分析，平衡产品研发的难度与效率，保证研发流程设计与改进的持续性、规范化、程序化。对于不同层次的产品，要实现以下三点。

一是关于底层技术产品：提升数字化项目建设的效率，促进数字化进程加快，加快提升市民的数字生活质量。

二是关于中台工具型/价值型产品：横向赋能各个业务领域。

三是关于前台服务型产品：将数字改革项目承建经验融合进整体面向市民的服务中，推动公共服务整合，发挥市民卡的运营优势。

杭州市民卡管理有限公司拥有独立的技术部门、服务部门，依托杭州市金融投资集团有限公司科技力量，与金投数科、金投健康科技（杭州）有限公司、杭州惠民征信有限公司等科技运营主体在产品研发、场景打造等方面进行深度融合，持续推出有社会影响力、有市场竞争力的产品和服务，进一步提高市民卡的综合服务水平，为"数字市民"的推广提供产品基础。

3. 云服务能力

云服务可以理解为借助互联网及相关设备的增加、使用和交互模式来提供动态易扩展且经常虚拟化的资源的一种服务模式，一般服务模式可将其看作软件服务、平台服务、基础设施服务等。而"云"是一种比喻说法，大量数据、信息的聚集如同"云"一样，继而聚集形成了云平台。信息及数据处理和储存继而成为云服务环节的重要部分，继而"云计算""云储存"等技术支持也逐渐成为云服务的主要方式。[1]

2021 年 3 月，国有资产管理监督委员会发布的《关于发布 2020 年国有企业数字化转型典型案例的通知》中，30 多个优秀案例均使用了云计算技术建立系统平台，提升生产运营价值，提高工作生产流程自动化水平和工作效率，为企业创造了显著的经济效益。杭州市民卡管理有限公司依托金投数科建有一个云服务中心，在建有混合云、专有云、公有云、私有云、政府云。该云服务中心作为杭州市金融投资集团有限公司集团信息化核心中枢，担负着整个集团的信息系统平稳运行的任务。

结合到云服务的特点，即轻资产、服务虚拟化、大规模的计算能力、以互联网为核心、按需服务、高性价比等，综合云服务评价中常用的 QoS 属性，可以选定性能、可用性、安全性、可靠性四个基本指标来提升公司的能力。

4. 公司服务与运营

随着科技的迅速发展以及市场需求的多样化发展，组织的传

1　刘潜. 云服务支持下的企业产品定价决策及供应链契约协调研究 [D]. 石家庄：河北地质大学，2022.

统运营管理理念需要与时俱进，及时创新、调整。一方面，当前，市民卡用户以及其他市民对公共产品及服务均产生了个性化需求，同时个人喜好变化也越来越快。受此影响，杭州·市民卡的运营主体——杭州市民卡管理有限公司必须时刻结合市场规律及变化，利用有效资源做好市场调研等工作，这样才能健全产品研发体制，创新市民卡服务场景。另一方面，随着科学技术快速发展，自动化、互联网、大数据、云计算等技术愈发完善、成熟，大量科技成果转化为服务后进入市民的日常生活，并且为市民卡的进一步发展提供了便利和方向。目前，现代企业组织正不断优选、运用运营技术，设计或整合运营系统，以使组织得以长期可持续发展。而同时，由于信息技术发展迅速，信息流内容越来越丰富，传递效率不断得到提高，又推动市民卡及其运营主体不断强化运营方式，优化管理流程，以提供水平更好、质量更高、范围更广的社会公共服务，提高市民的获得感和幸福感，这也有利于市民卡长期保持市场竞争优势。

杭州市民卡管理有限公司的市场竞争优势并不在于产品研发，而在于服务运营。政府在提供公共服务时，对项目的态度往往是"重建设，轻运营"。作为承载主体的市民卡，以及作为运营主体的市民卡公司，既要"重建设"，也要"重运营"。现代企业引入合理的运营管理模式后能够科学分配掌握的资源，以此提高生产质量，从而提高企业整体效益，强化企业综合竞争实力，实现企业可持续健康发展的目标。

杭州市民卡管理有限公司在运营管理期间不能只重视经济效益，而忽视企业承担的社会责任。若企业未能合理兼顾自身经济效益及社会效益，过分关注自身效益的获取，就无法科学设定、明确运营管理目标，这会对现代企业运营管理发展产生负面影响。对于杭州市民卡管理有限公司而言，应当围绕市民卡的核心功能理念，以服务为目的，准确把握信息化、数字化变革规律，拓宽服务渠道，在保证市民卡体系下产品服务质量的同时，有效扩大市民卡的品牌效益，通过品牌化而赋予市民卡新的社会意义，发展和延伸市民卡的文化内涵，从而实现可持续发展。这也是现代企业运营管理未来发展的必然趋势。

9.2 "数字市民"展望

社会治理的数字化转型是实现社会治理体系和社会治理能力现代化的必要途径。"十四五"期间，杭州市提出全力打造"全国数字治理第一城"，强调建设高水平数字社会和强化数字基础设施建设。杭州推进数字赋能社会行动，拓展数字生活新服务，加快推进市民生活领域数字化；全面推进公共服务数字化转型，实施"智慧民生"工程，数字健康、数字交通、数字教育、数字文旅、数字就业、数字养老服务等数字治理重点应用领域的建设逐渐铺开。因此，推进杭州"数字市民"建设，有利于实现市民生活的数字化转型。

实际上，国内很多城市的数字化改革都借鉴了杭州经验，而城市市民卡的建设经营也借鉴了杭州·市民卡，杭州·市民卡基于多年来的发展经验和资源优势，不断向各地输出相关领域的数字治理新方案。但横向对比来看，国内深圳提出将实施"数字市民"计划，将大力推广电子签名、电子印章、电子证照和电子档案，构建"数字市民"认证、管理和应用体系，建立数据账户和用户信息授权机制，建立健全市民办事数据共享比对机制，减少证明材料重复性提交，推动"数字市民"可跨城办理业务、跨域使用数据。其他大小城市均未明确提出"数字市民"建设。基于市民卡体系的建设运营，杭州已具有一定的"数字市民"建设基础。杭州可以在市民卡体系的基础之上，系统推进"数字市民"建设，提升数字治理水平和公共服务质量。

9.2.1　"数字市民"与"数智杭州"

为加快数字化改革、推进"数智杭州"建设，杭州市在《关于"数智杭州"建设的总体方案》中明确建设原则之一："惠民利民、好用管用。突出用户导向、需求导向、效果导向，坚持'大道至简'，呈现流程最简化、服务最优化、效率最大化的服务场景，确保好用、实用、管用，推动生产方式、生活方式、治理方式发生基础性、全局性和根本性改变，让政府内部管理更高效、群众和企业更有感，形成全社会共享'数字红利'的良好局面。"杭州推动数字社会服务"一体化"，围绕人的全生命周期服务需求，推动全域覆盖、全程跟踪、全方位服务的跨部门多业务协同应用综合集成；推动数字社会服务"智慧化"，加快各社会事业服务领域智能化；推动数字社会服务"人本化"，推动政府和社会的数据资源开放协同、服务资源共享协同，各领域服务更加精准、更有温度，人民群众的获得感、幸福感、安全感全面提升。最终要进一步完善数字社会系统理论体系、健全数字社会系统制度体系。

建设"数字市民"是实现"数智杭州"的必要条件。杭州"数字市民"建设应当放在数字社会建设的大趋势之中，在推进数字社会应用场景和综合应用场景的同时，不断丰富杭州"数字市民"内涵，系统开展"数字市民"理论体系研究，完善"数字市民"实践体系具体场景，从而为杭州市民提供更多的、更好的数字化服务；实现"一张卡"或"一个码"治理杭州，全面助力杭州提高城市治理的协同化、自动化和智能化水平，实现城市治理的精细化和精准性。

对数字政府而言，数字政府要实现跨层级、跨地域、跨部门、跨系统、跨业务的协同管理与服务，做到整体协同，系统有序。"数字市民"打造统一的市民数据平台，促进社会公共信息共享与可获取，释放数据活力，激发社会创新动力，从而有利于打破数据壁垒，重塑政府业务架构，形成"无须等待、随时出发、一人一策"的精准服务格局，实现公共服务精准化。因此，"数字市民"建设有利于运用数字化技术、数字化思维、数字化认知对政府的政务服务组织架构、方式流程、手段工具进行全方位系统性重塑，进而助力构建整体高效的政府运行体系、优质便捷的普惠服务体系、全域智慧的协同治理体系。

在数字经济方面，《浙江省国民经济和社会发展第十四个五年规划和二〇三五年远景目标纲要》中提出六个主要任务：加快数字产业化，培育建设世界级数字产业集群；推进产业数字化，推动实体经济高质量发展；突出数字化改革引领，提升治理数字化水平；数字赋能，推进数据价值化；构建数字生态，激发主体创新活力；建设数字基础设施，夯实数字经济发展基石。数字应用场景是数字经济的重要内容，也是"数字市民"的重要组成部分，这是两者的交叉之处。"数字市民"建设涉及诸多互联网产品开发和应用场景创新升级，通过数据资源化和价值化，可以进一步推动产业数字化和数字产业化，推动相关数字产业集群的孵化培育，促进民生服务供给创新和数字资源配置优化，从而助力杭州打造全国数字产业化发展引领地和经济高质量示范区。

9.2.2　"数字市民"建设困境

杭州"数字市民"建设已具有一定的基础和规模。杭州市民卡管理有限公司受杭州市政府委托，负责杭州·市民卡的发行、运营和业务拓展工作。杭州·市民卡已实现杭州人群全覆盖、线上线下应用全覆盖、大杭州服务全覆盖，智慧医疗、舒心就医、文旅一码通、人才码、钱江分、智慧养老、智慧助残等公共服务和生活服务已全面融入市民的日常生活。但与此同时，杭州"数字市民"建设并未得到系统化推进，主要存在以下四个问题。

其一，未建立"数字市民"理论体系，其概念定义未统一，相关研究未体系化展开。

其二，尚未确定"数字市民"建设主体，未建成市民数字感知底座，"数字市民"基础建设有待系统化展开。

其三，制度规范、平台运营规范、技术规范、服务领域没有完全确定，"数字市民"应用生态有待进一步完善。

其四，具体服务场景散点式分布，未曾实现点、线、面综合建设开发，"数字市民"服务场景有待整体性布局。

杭州"数字市民"应当着眼于数字政府、数字社会、数字经济建设，系统地持续推进其建设过程，实现公共服务流程优化和水平提升。"数字市民"建设有利于构建渠道丰富多样、服务普遍覆盖、内容贴近日常的惠民服务体系。充分利用移动应用、自助终端、网站等网络化方式和社会企业渠道，构建多样化、泛在化、便捷化的惠民服务信息接入渠道，有利于加强政府和社会合作，提供智慧医疗、文化教育、智慧交通出行、智慧养老等贴近日常生活的惠民公共服务，从而提高社会公共服务的专业化、市场化和社会化水平。

9.2.3 "数字市民"建设方向

1. 政府侧：建设"数字市民"公共服务体系

当下，"数字市民"的建设要求扩大数字基础设施覆盖范围、提高互联网接入质量和传输能力，从而使智慧化的公共服务不再局限于数字技术的发展和使用层面，使不同群体在同一时间、空间中可获取相同的数字资源以及公共服务，并进一步办理相关事务。通过运用大数据、云计算、区块链、物联网、人工智能等新型数字技术，"数字市民"反向深度融合交通基础设施、医疗基础设施、教育基础设施以及其他公共服务基础设施建设，加快智能化转型，实现社会公共服务的多维整合、多重叠加。

基于智能卡、二维码、大数据、云计算技术的"数字市民公共服务"体系，对市民的个人信息实现数字化、网络化、智能化，构建准确、一致、共享的市民基础数据库，通过与政府职能部门后台业务系统相联结，实现对市民进行动态管理和为市民提供完善的服务。"数字市民"坚持"以人为本"的基本原则，"以需求为导向，以应用为重点"，实现政府部门间、政企间、政民间协同，助力数字治理。

"数字市民"公共服务体系应由市政府领导，大数据管理部门负责制定规则，管理数据库。"数字市民"公共服务体系向上对接"城市大脑"，为"城市大脑"采集、清洗、归类、提供各类数据，为"城市大脑"向社会传达决策；体系向下对接多端口（市民卡、健康码、人脸识别等），对接多服务平台（H5平台、支付宝、亲清在线等），多应用场景（医疗健康、交通、教育、公安、旅游等），体系内有应用引擎、端口引擎、区块链、大数据协同等，融入市民卡服务体系、服务能力和各类应用场景，可快速形成平台体系。

"数字市民"公共服务体系作为政府数字治理和"城市大脑"建设的有机组成部分，通过场景建设促进市场发展。"数字市民"公共服务体系与市民卡应用和服务相结合，在此基础上，建立便民利民的数字化服务体系，与医疗健康、人力资源、社会保险、社会救助、教育、公安等社会事务管理要求相结合，加强城市管理的数字化积累，支撑政府提高管理社会、服务社会的能力和效率。但"数字市民"建设也需关注以下五个问题。

其一，"数字市民"所需的数据是公共服务和社会治理所需的与市民的权利、义务相关的个人数据集，并非全部的个人数据都要被采集。

其二，需要明确所指"市民"的内涵和外延。由于同城同待遇没有解决，市公共财政实际上只能用于有差别的公共服务，一定的"数字歧视"在所难免。因此，城市公共服务中不得不根据有差别的权利、义务设置分类标签，这会对"一卡通""一码通"的使用范围产生影响。

其三，要通过梳理市民的权利、义务的差别，研究确定基本公共服务均等化及其数字映像的推进进程，逐步消除"数字歧视"。

其四，"数字市民"的数据安全不仅包括防止个人数据的泄露，而且要防止公权力的某一个环节非法利用这些数据损害市民的利益，限制市民权利，随意设定市民的义务。为此，需要用法律限定使用这种权力的场景和程序，包括必须经过公示并告知所涉及的市民。

其五，为防止数据滥用的发生，市民的个人数据不能归集到一个数据库，不能无条件共享。

所以，"数字市民"的建设不仅需要技术层面的研究，还需要深化制度层面的研究。

2. 企业侧：提供"数字市民"公共服务能力

一是以市民信息平台为基础，加强"数字市民"基础建设。杭州市民卡管理有限公司基于统一用户、统一账户、统一支付、统一信用、统一数据"五统一"平台能力，建有市民卡个人基础信息库、综合信息资源交换平台、智慧城市市民服务平台、支付清算平台等，拥有完备的信息安全管理体系，有效保障了市民卡应用场景每年 10 亿级（数据确认）的服务流量。杭州"数字市民"以市民卡"五统一"平台为基础，以市民卡个人基础信息推动完善市民数字身份、数字账户、信用体系等建设，构建城市市民数字感知底座；同时搭建"数字市民"综合信息管理服务平台（中心），合法收集、管理、应用市民的信息，并运用区块链、大数据、物联网、云计算等数字技术，建成市民"数字孪生体"群体全集，实现市民全要素数字化和虚拟化、市民状态实时化与可视化，对市民的公共服务需求提供全周期跟踪服务。

二是以公共服务领域为框架，构建"数字市民"应用生态。杭州·市民卡体系已实现人群、载体、区域三个"全覆盖"，不断推进智慧城市建设，提升公共服务数字化、均等化、便捷化水平，推动社会治理精准化、高效化发展。"数字市民"应用生态已有基础。要以市民卡服务体系为框架、以市民卡运营维护体系为支撑、以政策制度和数字技术规范为保障，完善杭州"数字市民"的应用生态。以杭州·市民卡为中心，建设"数字市民"数字服务平台（中心），加快提升数字健康、数字交通、数字教育、数字就业、数字养老、数字文旅等"数字市民"重点应用领域的智能化水平。要规范数字服务平台的运营，完善适应人工智能、大数据、云计算等新技术、新应用的制度规则，坚持技术创新与技术向善，使"数字市民"与数字政府、数字社会、数字经济的相关建设交融互通。要一体化布局"数字市民"服务场景，统筹数字资源，建设数字化交互渠道，实现人与数字、数字与场景、场景与人的多维度融合，最终构建完整的"数字市民"应用生态。

三是以具体服务场景为媒介，推动"数字市民"落地实施。在应用场景中，杭州·市民卡已体系化实现前端数字化（卡、码、脸、智能终端），中端云网化（协同、智能、融合），后端数据化（共享、交换、开放）的平台新生态，承接完成了智慧医疗、道路停车、公共交通等多项政府公共服务应用开发。杭州"数字市民"应以具体应用场景为载体，进一步推动"数字市民"落实落地。要依托未来社区建设，探索"数字市民"综合场景应用，打通"三化九场景"数字化体系，打造市民的"生活共同体"和"社会综合体"，实现社区智慧智治和市民智慧生活；构建市民"数字孪生体"的个体子集，升级杭州"健康码"为杭州"市民码"，连接医疗、养老、社保、交通、旅游等公共服务，全面、精准提高"数字市民"的数字感知水平；以"钱江分"为主体，推进杭州"市民积分"建设，使"数字市民"对市民行为实现量化展示和具体化呈现。

9.3 数字产业创新基地

当前,社会经济正经历深刻的数字化变革,在数字社会建设的同时,数字经济的力量同样得到彰显。从产品研发设计、生产制造到营销管理、服务支撑等,数字化已经渗透产业链的各个方面和各个环节,促进社会经济从主要依靠人力和资本等生产要素投入向全要素生产率驱动转变。"数字市民"建设有助于全面推进杭州数字产业化、产业数字化、城市数字化"三化融合"。而推动数字产业化和产业数字化的一个重要途径是建设相关数字创新基地,形成产业集群,打造完整产业链,开辟数字社会和数字经济新"蓝海"。依托数字创新基地和产业新"蓝海",杭州·市民卡也可完成新一代的转型升级。

9.3.1 概 念

产业基地是由政府或者民间组织、机构自发或者规划筹办的富于规划的且具有产业集群效应的经济体。数字产业创新基地是指以培育数字经济产业、打造数字社会应用场景为主导,主要运用云计算、大数据、区块链、人工智能、物联网、5G等技术,实现产业生态系统化、基础设施网络化、功能服务精准化和运营发展智能化的智慧园区与产业集群,助力于社会经济的高质量发展和公共服务高效率供给。

在运转方面,创新基地以数字平台为载体,数字化管理为基础,运营服务为主线,为基地内企业与用户提供一站式服务,帮助基地提升工作效能和服务品质,推动数字经济新兴企业成长和传统产业数字化转型升级，共筑园区数字化生态圈，打造数字经济创业创新高地和数字产业化、产业数字化、城市数字化引领地。

打造数字产业创新基地有助于经济发展的转型升级。浙江省在《浙江省人民政府关于加快发展信息经济的指导意见》中明确指出，要"加强信息基础设施建设，优先发展信息产业，提升发展电子商务，扩大信息消费，推进信息化和工业化深度融合，促进信息经济加快发展"。杭州市在《杭州市全面推进"三化融合"打造全国数字经济第一城行动计划（2018—2022 年）》中强调打造全国数字产业化发展引领地，壮大优势产业、做强基础产业、布局未来产业、推动新型数字化产业发展，打造全国产业数字化变革示范地。实现这些目标任务需要数字创新、产业创新、服务创新，需要根据实际发展需求，发挥资源优势，聚焦产业生态，打造具有特色与活力的数字创新基地，以融合发展带动产业升级和服务升级。

9.3.2 实践案例

在数字经济的大发展形势下，浙江、上海、江苏等纷纷打造不同领域的产业创新基地，建设重点园区，以新模式、新服务、新业态推进信息化和工业化的深度融合，进一步优化"产业生态集群"。

1. 浙江省数字创新实践基地 [1]

浙江省数字创新实践基地揭牌仪式现场

"浙江省数字创新实践基地"是浙江省数据开放创新应用工作的新举措。通过集孵化、开发、交流、培训等于一体的众创平台，浙江省内外众多企业、高校、科研院所和其他应用创新群体，依托不断丰富的公共数据，在政府管理指导下，更好、更快地推出群众获得感强、社会效益好的创新应用，通过大数据赋能大应用，促进数字政府和数字经济、数字社会融合发展。

浙江省数字创新实践基地在政府部门指导下，由数字浙江技术运营有限公司负责运营。基地设立了浙江数据开放实验室，首批开放了 3 个行业实验室——普惠金融实验室、医疗保险实验室、交通出行实验室。省内数字化领军企业、2020 浙江省数据开放创新应

---

1 来源：央广网"浙江省数字创新实践基地今天揭牌成立"，https://baijiahao.baidu.com/s?id=1682508091567355420&wfr=spider&for=pc。

用大赛部分获奖队伍企业等 14 家成员单位，作为首批成员入驻。

基地入驻企业可享受六大配套服务：一是数据实验室将为入驻成员提供实践所需的云资源、系统、数据产品、场地等；二是入驻企业可通过数据开放应用大赛，发掘创新的应用方向；三是数创基地专家委员会可对数据应用创新的各项前沿课题进行研究，将为入驻企业提供课题研究服务；四是通过"数字创新沙龙"，入驻企业可与行业专家、学者进行数据应用经验的分享与研讨；五是数创基地将举行培训认证，帮助入驻企业快速进行应用创新；六是数创基地将推出基地成果月刊，对应用的成果进行宣传推广。

浙江省数字创新实践基地和入驻成员单位，未来将在关键领域建设孵化 10 个以上具备重大示范意义和普遍社会价值的数字化应用，打造一条"数据仓库—数据工厂—数据超市—社会应用"的数据供应链，构建共建、共享、共创、共赢的数据开放创新生态体系。

2. 上海数字经济创新实践基地[1]

上海数字经济创新实践基地是由国家技术转移东部中心与上海新华发行集团共建的数字经济创新生态服务平台。基地以"数字赋能产业升级，技术助力价值流通"为愿景，以"数信络谱区块链开放平台"为核心，促进数字技术的创新应用，推动区块链技术与实体经济的融合，助力数字经济新动能的全面发展。同时将协助政府加强技术示范、强化政策引导、健全制度约束。该实践基地有五大板块。

其一，静安科技大市场。静安科技大市场通过"1+2+N"的战

1　来源：上海数字经济创新实践基地官网。

略体系建设 [1]，将静安科技大市场打造成数字经济科技成果交易、展示、供需对接、资源汇聚、政策服务的窗口，同时作为长三角科技大市场的核心节点之一，专注于数字经济产业，导入丰厚的海外资源，连通海外 15 个科研产业节点，全面推动静安打造数字经济产业聚集新高地。

其二，科技创新平台。"数信络谱"是由上海数字经济创新实践基地联合中钞区块链技术研究院共同发布的专注于服务数字经济生态建设、互融互通为核心的国内领先区块链底层服务平台。"数信络谱"结合人工智能、5G、大数据、物联网等技术生态，为长三角区域数字城市建设和数字经济发展提供高质量、定制化的技术服务平台支撑与可信、可靠、可拓展的基础设施服务。

其三，数字经济产业发展中心。上海数字经济创新实践基地联合新华发行集团、老鹰基金共同成立"数字经济产业发展基金"，主要为区块链企业发展提供资金扶持，专注于以区块链技术为核心的数字经济产业初创企业。

其四，人才培养中心。持续搭建"政、产、学、企"沟通合作渠道，与国家相关部委共同研究制定区块链人才培养相关行业标准和顶层设计，加快布局数字经济与技术转移经纪人人才全方位培养，为数字经济技术应用普及技术交易打下扎实基础。体系化开展人才实训中心、人才实践中心和人才评定中心的建设，与工业和信息化部教育及考试中心合作，夯实人才评定的具体工作。

---

1 "1+2+N" 战略体系："1"即 1 个展示平台；"2"即技术成果库、技术需求库 2 个库；"N"即对接服务、交易撮合、人才培养、赛事运营、国际化合作、政策服务等 N 个服务支撑。

其五，公共服务平台。数字经济技术验证平台以技术聚合、数据聚合为核心特色，综合性、智能化、数字化、模块化的验证平台，为企业数字化转型提供数据、商业、技术、安全等验证服务。

3. 腾讯（苏州）数字产业基地[1]

腾讯（苏州）数字产业基地是长三角区域首个腾讯数字产业基地，将建设数字产业中心、数字城市科创中心、AI产业应用中心、新文旅产业发展中心，以及四中心配套设施，推进人工智能、大数据、云计算、物联网、安全等前沿科技与各行各业的融合发展与创新。

该数字产业基地将充分发挥技术优势与生态合作伙伴资源，围绕数字经济、新基建、新技术、新文创等产业领域，与苏州市高新区共同打造好腾讯（苏州）数字产业基地，积极促进数字经济产业集聚，助力城市智慧化建设。

腾讯生态圈企业涵盖了数字产业、智慧城市产业、AI产业以及新文旅产业，全力为苏州再造一个数字经济产业，并推动数字高新建设，助力高新区打造苏州数字化发展的标杆区。未来将建成区块链、智慧城市、AI相关高科技企业集群，加快产业数字化、智能化转型，将苏州高新区打造成长三角地区产业创新高地和具有一流竞争力的数字经济发展高地。

腾讯（苏州）数字产业基地将充分发挥腾讯集团在城市中枢平台、基础云平台、数字中台建设的优势，将围绕数字经济、新文创、新基建、新科创等产业领域，为苏州市高新区新型智慧城市建

---

1 来源：苏州市高新区（虎丘区）宣传部"总投资80亿元！腾讯（苏州）数字产业基地项目开工奠基"，http://www.snd.gov.cn/hqqrmzf/zwxw/202109/2c0be5ca3bc64dedbb73c4c77052a704.shtml。

设提供综合解决方案，树立智慧城市标杆。

9.3.3 "数字市民"创新基地

"数字市民"是一个复杂的概念，其建设需要打破诸多因素的限制，并且需要不断创新体制机制。杭州市金融投资集团有限公司和杭州市民卡管理有限公司积极与政府部门合作，依托已有的基础服务系统及信息数据资源，配合政府部门圆满完成多项数字社会相关应用场景建设，既提升了政府治理的智能化、效能化，推进政府管理和社会治理模式创新，也为市民提供了更加智能便捷的惠民服务。但事实上，相关应用场景的建成是多方创新主体合作的成果，仅靠杭州市金融投资集团有限公司和杭州市民卡管理有限公司难以完成。因此，有必要建设以政府为主导、以杭州市金融投资集团有限公司和杭州市民卡管理有限公司以及其他相关企业为主体的"数字市民"创新基地，推动"数字市民"的理论研究和实践探索，从而完善数字社会的公共服务体系建设。

1. 建设原因

"数字市民"作为一个新事物，与之相关的理论支撑、建设方案、承载主体有待进一步探究讨论，而"数字市民"创新基地的相关领域也尚属空白。因此，有必要对"数字市民"创新基地做进一步分析。

从建设效益上看，"数字市民"落地于数字社会领域，聚焦于社会公共服务的数字化转型、智能化服务，因此，"数字市民"更多的建设效益是体现在社会效益和政府效益上。但在其具体的建设过程和参与主体的建设行为中，"数字市民"建设的溢出效应在经济领域，尤其是在数字经济方面，也有明显的体现。

杭州"数字市民"建设，因其覆盖范围广、服务领域宽、用户需求大、场景应用多等特点，仅靠政府和杭州市民卡管理有限公司难以完成建设目标。在公共服务供给中，政府的主要职能是调整公共产品配置、合理分配公共产品，而企业则是在政府购买和市场竞争中获得参与公共服务产品供给的机会。杭州市民卡管理有限公司作为一家由"政府背书"的、负责杭州·市民卡建设经营和社会服务创新的国有全资企业，已凭借独特的竞争优势在"大杭州"地域内打造了"数字市民"诸多应用场景。但从实际运营模式和产出效益来看，杭州市民卡管理有限公司是一家社会服务型企业，而非以营利为主要目的的互联网科技企业，其竞争优势在于服务运营而非产品研发。单从产品创新研发方面看杭州·市民卡的现有研发能力并不能满足社会需求。因此，围绕杭州·市民卡的社会服务场景，集合杭州互联网企业的科技能力，打造以"数字市民"服务为中心的数字创新基地，对杭州进一步推动公共服务创新、完善公共服务供给、提高公共服务质量具有重要意义。同时，"数字市民"创新基地建设有利于形成以数字科技为主要特征的创新型产业集群，突破政府、企业、相关组织和单一产业的边界，从区域整体考量社会经济的协调发展，从而强化产业内部的良性循环过程，提高产业竞争力和效率，促进杭州经济的高质量发展。而杭州·市民卡将作为"数字市民"创新基地的中心主体，全方位参与"数字市民"的建设全过程，对提高公共服务质量、促进经济发展具有重要作用。

2. 总体方向

一是明确创新基地的功能定位。"数字市民"创新基地是以数字科技为特征，以创新社会公共服务供给为中心，以促进科技创新和经济发展为主要目的的创新型产业基地，其建设有利于完善杭州社会创新链的结构性布局，加强不同创新主体之间的协同创新，促进科技资源开放共享。杭州目前尚未建成围绕公共服务的创新基地。因此，应明确"数字市民"创新基地定位，严格按照其功能定位加以管理，控制其边界和职能范围，避免与其他创新基地形成较大程度的交叉。政府在相关科技资源进行配置时，应根据"数字市民"建设需求和创新基地功能范围，安排相关的公共研发任务，保证"数字市民"创新基地的独特性。而在"数字市民"的建设项目之外，相关创新主体共同形成的产业集群，通过专业化的分工和便利化的交易，将发展产业经济和区域经济有效结合，能够进一步推动经济的增长。

二是加强创新基地的规划协调。对于社会公共服务，政府、企业、高校以及其他社会组织都发挥着各自的作用。因此，在"数字市民"创新基地内，政府应对基地内相关组织做好规划协调。杭州·市民卡已完成"数字市民"诸多应用场景建设，这些应用场景为"数字市民"的进一步推进奠定了坚实基础。其他互联网科技公司也可参与相关创新产品的研发。在实际中，杭州市民卡管理有限公司由于优势不足而将应用场景中的部分项目研发外包给其他公司，以实现场景建设的目的。高校也是创新的重要力量，高校对社会需求的分析和对科技创新的研究可以从更高的层面进行，从而与政府、企业之间形成优势互补。相关行业协会和社会组织也能在其中发挥重要作用。因此，建设以政府、企业、高校、协会组织等为主体的"数字市民"创新基地，需要建立共建机制，将相关组织纳入统一序列，协调多方主体关系，对多样性的功能实现合并管理，从而促进成果转化，进一步推进社会经济发展。

三是完善创新基地的服务体系。对于"数字市民"创新基地，应有专业的管理部门进行管理，促进管理的规范化、实体化、制度化。其一，因为"数字市民"创新基地是服务型创新基地，所以要完善公共服务体系，促进各类主体加强公共服务。其二，增加平台建设、资源共享、交流培训、金融服务、竞争情报、科技信息、技术推广、组织孵化服务等内容。杭州·市民卡已建成统一用户、统一账户、统一数据、统一信用、统一支付的"五统一"平台，该平台已成为杭州·市民卡体系产品的研发基础。其他平台的建设有利于优势互补，增强基地创新活力。其三，应建立统一的信息采集、统计渠道，使相关主体及时掌握服务需求变化，调整研发方向，避免因信息误差而造成资源浪费的情况。完善服务体系，不仅有利于"数字市民"创新基地的建设，也有利于强化创新基地的内在发展动力，为服务市场提供更多优质的服务。

四是完善创新基地的评价体系。对"数字市民"创新基地的管理需要注重服务、合作与共享，要建立完善的准入机制和考核评价体系。对指标体系的设计应注重三方面。其一，加强对创新基地内各主体的开放和服务的考核，提高公共科技资源的利用效率及服务质量。其二，加强合作方面的考核，引导创新基地内各类创新主体之间合作，实现资源集成利用。其三，强化对平台资源共享方面的考核，实现平台资源惠及范围的最大化。同时，还需要在考核评价的基础上建立奖惩机制，对优秀的创新主体给予奖励。最终，实现评估结果与创新主体享受优惠政策的范围和力度挂钩，尤其要形成退出机制，对评估不达标的创新主体可要求其进行整改或退出。[1]

五是加强创新基地的政策扶持。"数字市民"建设需要政府给予政策扶持。除了完善相关政策法律来约束相关创新主体的行为，也要关注创新主体的实际发展情况。政策扶持可以从以下几个方面进行。其一，创新基地内部分创新主体可能存在资金来源过于依赖竞争性科技计划项目经费，缺乏其他合理来源等问题，对此可以引入竞争机制，采用"后补助"方式，根据科研成果的应用价值或服务效果，给予其一定的资助或补贴。其二，"数字市民"的建设也有赖于社会各界的共同参与。可以鼓励社会各界以投资或捐赠等方式参与"数字市民"创新基地的建设和运行，允许投资者按部分或全部投入额在缴纳所得税前予以扣除。其三，以产权合作、项目合作、资源共享、人才流动等方式，加强创新链各环节的资源集成及协同创新。其四，针对从事技术转移的创新主体，可通过市场机制，落实科研院所股权和分红激励、科技成果处置收益等配套政策，加强对公共科技成果应用、扩散的激励，突出对企业创新的带动能力。在政策多方扶持之下，"数字市民"创新基地建设才能更好地融入市场，融入社会发展的整个过程。

3. 建设意义

"数字市民"创新基地对建设"数字市民"起着重要的推动作用，是建设"数字市民"实践载体。"数字市民"作为一种新型数字基础设施，可促进智能交通、智慧文旅、智慧医疗、智能政务及智慧教育等应用场景方面加速迭代，丰富服务生态系统。应用拓展

1　段小华，苏楠.完善各类创新基地的结构、功能与管理[N].科技日报（2014-11-24）.

实现市民生活全覆盖、服务人群全覆盖，所涉及的具体项目包括政府政策直达、便民应用、数字治理措施、金融服务产品、消费支付产品以及其他综合性的应用场景建设。而创新基地则可以汇集更多的专业性资源，使社会服务场景应用以及应用拓展得到更多的开发和落地。

从经济意义上看，"数字市民"建设是一个有社会各界广泛参与的社会化系统工程，涉及多个领域，整个产业链较长，附加值较高。产业链上下游基于自身的定位和业务模式，选择适合的方式参与市民卡的投资及运营，既能解决产业自身发展的问题，同时也有助于城市产业布局的调整和优化。[1]从整体上看，建设"数字市民"创新基地是对现有科技力量的一种整合，也是现阶段对社会需求进行理论研究和实践探索，是对政府、企业、高校、协会组织力量的有效整合。通过建设"数字市民"创新基地，促进标准化与科技创新、产业升级协同发展，使公共服务供给渠道和供给方式精品化、规模化、高效化，对提高政府服务质量、促进经济发展、建设和谐社会具有重要意义。

1　张宁英.市民卡成为智慧城市的必然选择[J].荆楚理工学院学报，2015，30（1）：84-87.

在数字时代，我们希望通过数字技术的最低的成本创造最大的价值，提升生产和生活水平，最终实现社会大融合。而社会是一个拥有复杂系统的综合体，政治、经济、科技、文化、历史等不同形式的排列组合和有机融合在不断影响着社会发展秩序，以至于未来的发展是否均衡稳定还难以精准预测。但总体说来，在数字化的大潮流中，数字创新与融合发展不可阻挡，我们应当深刻理解数字时代的发展规律，把握数字化改革的未来趋势，平衡科技进步与人文关怀之间的关系，让整个数字社会有广度、有深度，也更有温度。

浙江省和杭州市一直走在我国数字化改革的前列。在以人民为中心和为人民服务的发展理念之下，在"经世济民"的文化传统影响之下，通过填补"数字鸿沟"、打破城乡二元壁垒，实现社会经济均衡协调发展，是我们最终实现共同富裕的必要的有效措施。当前，数字社会要求促进公共服务和社会运行方式创新，构筑全民畅享的数字生活；数字政府注重提高数字化政务服务效能，推动政府治理流程再造和模式优化；数字经济则强调促进数字技术与实体经济深度融合，加强关键数字技术创新应用、加快推动数字产业化、推进产业数字化转型。而随着5G、大数据、云计算、人工智能、区块链等数字技术加速向各行业、各领域融合渗透，数字社会、数字政府、数字经济的建设进程不断加快，数字赋能、数字赋值、数字赋智的作用也日益突显。其中的内在逻辑关系便是：运用"数字技术"，填补"数字鸿沟"，建立"数字信任"，推动"数字治理"，打造"数字政府"，服务"数字社会"和"数字经济"。因此，以人民为中心，通过"数字化"创造一个有温度、有情怀、有责任、有科技的数字时代势在必行。

本书由杭州市民卡管理有限公司联合浙大城市学院城市大脑研究院共同编撰而成，是对杭州市民卡管理有限公司以及杭州·市民卡 17 年发展历史的总结，并对杭州·市民卡的发展方向进行展望、对杭州"数字市民"提出初步构想。因此，本书内容和观点多从杭州市民卡管理有限公司自身角度出发，其中如有不当之处，还请各位专家、读者予以谅解，欢迎批评指正，共同探讨！